凡事追求八分好

指數不爆表

拿得起卻放不下、想給過結果強迫症發作？
學會「減法」哲學，從此不再被細節追著跑

編著
洪俐芝，肖勝平

目錄

前言

上篇

目錄

中篇

第五章　忍讓兩分的人不是懦夫

目錄

第八章　話忌說滿，八分正好

下篇

第九章　職場如何運用八分飽哲學

目錄

第十二章　結交朋友的八分飽藝術

目錄

前言

（一）

饕餮是中國古代傳說中的怪獸，牠沒有身體，只有一個巨大的頭和一張碩大的嘴。牠十分貪吃，逮著什麼就吃什麼。由於吃得太多，饕餮最後被撐死了。

我們大都知道：飯不宜吃得過多，最好是吃八分飽。其實，我們為人處事也應該遵循八分飽的分寸。所謂人生的八分飽，指的是為人處事有分寸，屈伸合拍。北宋哲學家邵雍曾云：「知行知止唯賢者，能屈能伸是丈夫。」行於其所當行，止於其所當止；屈於其所當屈，伸於其所當伸。對自己不放縱、不任意，對別人不挑剔、不苛求，對外物不貪戀、不沉淪。該享受則享受，當勞累便勞累，依理而行，循序而動。如果必須，做得天下，若非合理，毫末不取。

放眼四望，能做到八分飽的人實在不多。在當今社會的各個角落，被撐死或被撐壞的饕餮式的人處處可見。破產的企業家，入獄的官員，這些所謂的「菁英」在名、利、色的誘惑之下，貪婪地索取著，直到「撐死」。菁英尚且如此，平常人又豈會高明到哪裡去？

樂不可極，樂極生悲；欲不可縱，縱欲成災。酒飲微醉處，花看半開時。貪婪者往往被物所役而利令智昏，而深味八分飽者卻能役物。一個人只有役物，才能在物欲橫流的滄海中冷靜進取、保持高蹈輕揚的人生態度。

（二）

蝜蝂是一種愛背東西的小蟲。爬行時只要遇到東西，總是抓取過來背著這些東西。東西越背越重，即使非常勞累也不停止。這種小蟲還喜歡往高處爬，再苦再累也不肯停下來，最終精疲力盡跌倒摔死在地上。

都說天道酬勤，付出總有回報。但像蝜蝂式的勤勞與付出，得到的又是什麼呢？

我們知道：濃墨鋪滿的畫並不好看，畫國畫要講究「留白」，即要求畫畫時不可滿紙著墨，要適當留些空白。在沒有筆墨的地方，顯水天之空靈，突畫意之深遠。此謂之「留白天地寬」。

人生也需要留白。有些心懷大志的人，為了珍惜人生的光陰，習慣於將每天的日程安排得滿滿的，左手與右手不停工作，左腳與右腳不停奔波。即使再累，也得支撐著。這種老黃牛式的精神一度被不少人所推崇。但正如國畫需要留白一樣，你的人生也需要留白。《菜根譚》裡有一句話：憂勤是美德，太苦則無以適性怡情。大意是說，盡心盡力去做事是很好的美德，但是過於辛苦地投入，就會失去愉快的心情和爽朗的精神。人若失去了愉快的心情和爽朗的精神，還有什麼生活的樂趣呢？所以，我們在奮力做事時，別忘了為你的生活留白。

（三）

索取不要過飽，付出不要過多。凡事且求八分飽。《周易．豐卦．彖曰》：「日中則昃，月盈則食。」意為事盛則衰，物極必反。而《菜根譚》中有云：「天道忌盈業不求滿。」告誡人們事事要留個有餘地，如是則「造物不能忌我，鬼神不能損我」；反之，「若業必求滿，功必求盈，不生內變，必招外憂」。

值得聲明的是：作者在此倡導的八分飽人生哲學，並非為無原則的「心靈淡定說」。歷史的前進，社會的和諧，光靠「淡定」是無法達成的。我們需要思考的事情很多，需要付出的也不少。八分飽的人生哲學，講究的是一種和諧的、有彈性的生活方式。

八分飽的人生哲學從不會認為自己所提倡的是絕對的真理，「沒有絕對」是八分飽人生哲學的世界觀。八分飽的人生哲學只是在努力地接近生活的內核，並希望能窺探到八分真相。因此，八分飽的人生哲學，本身就是一種「在路上」的哲學。

編者

上篇

所謂人生的八分飽，指的是為人處事有分寸，屈伸合拍。行於其所當行，止於其所當止；屈於其所當屈，伸於其所當伸。對自己不放縱、不任意，對別人不挑剔、不苛求，對外物不貪戀、不沉淪。該享受則享受，當勞累便勞累，依理而行，循序而動。如果必須，做得天下；若非合理，毫末不取。

第一章　自然合理的八分飽人生哲學

《周易．豐卦．彖曰》：「日中則昃，月盈則食。」人生變故，猶如水流，事盛則衰，物極必反。酒飲微醉處，花看半開時。得意時莫忘回頭，著手處當留餘步。此所謂「知足常足，終身不辱，知止常止，終身不恥」。

我們是否「吃」得太飽

如果你的眼前有一盤你最喜歡吃的烤鴨，而且是免費想吃多少就多少，你會吃幾分飽？顯然，吃得太飽與太少都不利於健康，最佳的養生方式還是只吃八分飽——這個道理幾乎人盡皆知。儘管道理人人懂得，但我想，吃十分飽甚至十二分飽的還是大有人在。因為，不吃白不吃，白吃誰不吃！然而，真的是「白吃」嗎？吃壞了腸子吃壞了胃，吃出了贅肉吃得更肥，不是「白吃」，是「白癡」！

人的欲望有很多，口腹之欲只不過是其中之一。除此以外，還有對金錢的占有欲，對權力的獲得欲，對美色的肉慾……欲望沒有止境。而我們的心中畢竟還是應該有一把尺規。多少人因為放縱了自己的欲望，十分甚至十二分地去滿足自己，結果是或竹籃打水一場空，或身陷囹圄空悔恨。

有這樣一則寓言，說的是神看到一個貧窮的農夫居無片瓦、食不果腹、衣不遮風的樣子，動了惻隱之心，決定幫幫這個可憐的人。於是在一個清晨，天使對農夫說，只要他往外跑，並在日落前跑回來，那麼他所跑過的土地就全部歸其所有。

農夫聽了天使的話，趕緊興奮地朝前跑去。他跑啊跑啊，累了想停下來休息一下時，想到家裡的妻子兒女們都需要更多的土地來保障優渥的生活，又打起精神拚命地再往前跑……有人告訴他，你到了該往回跑的時候了，不然你就無法在天黑之前回到起點。農夫根本聽不進去，他只想得到更多的土地，更多的金錢，更多的享受。直到太陽快要下山，他才拚命地往回跑。然而，那麼遠的距離，要怎樣的速度才能趕在太陽下山前跑回去呢？最後，又累又急又渴又餓的農夫，終因心衰力竭，倒在太陽的餘暉下。生命沒有了，土地沒有了，一切都沒有了，過分的貪婪使他失去了一切。

欲望如同一把燃燒的火，在召喚我們前行時，一不小心就會被它灼傷。明末清初有一本書叫《解人頤》，其中的有一首詩把貪婪者的心態刻劃得入木三分：「終日奔波只為飢，方才一飽便思衣；衣食兩般皆俱足，又想嬌容美貌妻；娶得美妻生下子，恨無田地少根基；買得田園多廣闊，出入無船少馬騎；槽頭結了騾和馬，嘆無官職被人欺；縣丞主簿還嫌小，又要朝中掛紫衣；若要世人心裡足，除非南柯一夢西。」當然，這是誇張的寫法，卻形象地反映了一些人的貪婪心態。

兩千多年前，老子就在《道德經》裡說：「知足者富。」，但就這麼四個字的道理，至今還是有很多人沒有參破。貪婪者往往被物所役，而知足者卻能役物。一個人只有知足，才能保持高蹈輕揚的人生態度。因此，在我們辛苦工作、奔波勞累的空檔，不妨靜下心來問自己一句：

我是否也是吃得太飽，是否也是要得太多？

有欲望並不是一件壞事

每一個正常人都有欲望。就是一心向佛的人，也有「了生死，出輪迴」或「度眾生」的欲望。甚至於一個一心求死的落魄者，心裡也是有著強烈欲望的，而且正是因為這個過於強烈的欲望沒有達到滿足才會想到去求死——如果大家不太明白這句話的含義，不妨打個比方來說明：一個一心想贏六合彩的賭徒下了重注卻沒有中，千金散盡去求死，只要有人用有力的證據告訴他，他下的注其實是中了獎的，只不過是他聽錯了號碼而已，該賭徒保證立刻眉開眼笑不再去求死。或者一個因失戀而求死的人站在懸崖邊，他的愛人只要告訴他其實自己還是深愛著他，他也保證不會跳下去。

所以說，有欲望乃是人之常情，並且有欲望本身也不是一件什麼壞事。只不過欲望如刀，看你怎麼用而已。過分地淡泊名利、克制欲望並不值得提倡。《菜根譚》中有云：「淡泊是高風，太枯則無以濟人利物。」大意是說，把功名利祿都看得淡本是高尚的情操，但是過分清心寡欲而冷漠，對社會大眾也就不會有什麼貢獻了。可以這樣說，人類正是因為有了欲望，才學會直立行走，才能從昔日的刀耕火種發展到今天的九天攬月。

欲望是行動的燃料，裝填過少則行動力不足，裝填過多就會造成翻車等嚴重後果。那麼，究竟要裝填多少才適合呢？

要回答這個問題，我們不妨借前面提過的問題：如果你的眼前有一盤你最喜歡吃的烤鴨，而且是免費無限量供應，你會選擇吃幾分飽？

· **最佳的選擇是八分飽**：十分、十二分則太飽，一分、兩分太少，八分正好。我們反對貪婪，但不否定欲望。貪婪是魔鬼，但欲望不是，欲望是天使與魔鬼的混合物。你和欲望保持恰當的距離，欲望就是一個美麗的天使；而如果你不顧一切地撲向欲望，那欲望就會變成一個惡魔。有克制的欲望是進取，無克制的欲望是貪婪。當我們在克制自己的貪婪之心時，不要忘了激發自己的進取之心，以便讓自己生活得更好，讓這個世界更加美麗富足。

處世箴言

市爭利，朝爭名，蓋棺日何物可殉篙裡；春賞花，秋賞月，荷鍤時此身常醉蓬萊。貪得者，身富而心貧；知足者，身貧而心富；居高者，形逸而神勞；處下者，形勞而神逸。

昌家之道留餘忌盡

《菜根譚》中有文云：「天道忌盈業不求滿。」這意思是說，事事都要留有餘地，如是則「造物不能忌我，鬼神不能損我。」否則的話，則「若業必求滿，功必求盈，不生內變，必招外憂」。

世事如浮雲，循環往復，瞬息萬變。在《周易．復卦．象辭》上說：「日中則昃，月盈則食。」指的是太陽到了正午，就會西落，十五的月最圓，殘缺之時馬上到來。天地尚有此虧盈消長之道，人世間的事物豈非如此。當《紅樓夢》中的賈府處於「烈火烹油，鮮花著錦」的盛世時，其實也正是走向日暮窮途的「轉折點」。最後，終於到了「忽喇喇似大廈傾，昏慘慘似燈將盡」的一敗塗地境況。

天道的盈虧不以人的意志為轉移，太陽到了正午自然中天，月亮到了農曆十五必然最圓。而人若使自己常保持不「滿」的狀態，才可以避免走下坡路。這一點，人如果能意識得到，便可進行自我控制，方可心隨己願。

號稱「中國三大莊園」之一的莊園——康百萬莊園，始建於明末清初。和今天股市裡的「楊百萬」或其他行業的「幾百萬」不同，「康百萬」指的不單是一個人，而是對明清時代以康應魁為代表的整個康氏家族的統稱。當年慈禧太后逃難西安，回鑾北京時，路過康店，曾經得到康家的資助，便賜名「康百萬」，於是康氏家族因慈禧的封賜而名揚天下。

在康百萬莊園裡，珍藏著一塊名為「留餘」的匾，該匾開篇提到：「留耕道人四留銘云：留有餘，不盡之巧以還造化；留有餘，不盡之祿以還朝廷；留有餘，不盡之財以還百姓；留有餘，不盡之福以還子孫。」這裡所謂的「四留」，引用的是南宋留耕道人王伯大的四句座右銘。康家的前輩以此來教育子孫，凡事都要留有餘地，人生在世，不要把福祿壽財都享盡占盡，把它留給需要它的人。接著，該匾又引用明朝進士高景逸的兩句話：「臨事讓人一步，自有餘地；臨財故寬一分，自有餘味。」最後又總結道：「若輩之昌家之道乎？留餘忌盡而已。」

什麼是昌家之道呢？那就是使家庭家族永久昌盛的訣竅，在家家歷代當家人看來，無非是「留餘忌盡而已」！所謂的「留餘」，在表面上包含兩層意思。一是給自己留餘地，使自己行不至於絕處，言不至於極端，有進有退，措置裕如，以便日後更能機動靈活地處理事務，解決複雜多變的社會問題。二是給別人留餘地，無論在什麼情況下，都不要把別人逼向絕路、置人於死地。狗急了會跳牆，兔子急了會咬人，人被逼急了很容易做出極端的反抗，例如很多暴力犯罪就是源於「忍無可忍」。這樣一來，事情的結果對彼此都沒有好處。很多時候，人若能生存時定要求生，有百條生存之路可行，衝突中斷他九十九條去路，留一條與他行，他卻不會提著自家腦袋來拚命。倘若連他最後一條路也斷了，那麼，他一定會絕地反擊，背水一戰。想一想，世界之大，人事之繁，何必逼人無路、激人無顏呢？

俗話說：「富貴不過三代」，歷史的車輪行駛在今天這個高速、快節奏的路上，「富」與「窮」的轉換速度與節奏也隨之變得頻繁而又快速。看那些財富榜上的英雄，不出三五年，或一蹶不振，或身陷囹圄……如今「富貴不過三代」大有發展成「富貴不過三年」之勢。原因何在，皆因一個字：「滿。」仗著被子長，拚命把腳伸，伸腳尚不足，還要滿鋪滾。結果不是受了凍著了涼，就是滾落床底難以翻身。反觀康氏家族，上自六祖康紹敬下至十八世康庭蘭，一直富裕了十二代、四百多年、縱跨明、清、民國三個歷史時期！

企業的發展需要良好的企業文化基座，家族的常青又何嘗不是如此？可以說，康家良好的家族文化，是康家繁榮昌盛四百年的祕訣。而在康家的家族文化裡，康家家訓——「留餘」是這種文化的內核。儒家從週而復始的自然變化中得到心靈的啟示：「無來不陂，無往不復。」即人生變故，猶如水流，事盛則衰，物極必反。

處世箴言

待人而留有餘，不盡之恩禮，則可以維繫無厭之人心；御事而留有餘，不盡之才智，則可以提防不測之事變。

「過」不如「不及」好

有一個成語叫「過猶不及」，在《教育部成語典》裡的解釋是：「做事過分就好比做得不夠一樣，皆不妥當；指事情要做得恰到好處。」只是我們身邊的許多事實常常告訴我們：有些時候，事情做得過火，要比做得不夠更糟。當然，這裡所指的「事情」不是壞事，壞事做得過火比做得不夠要更加壞，這個簡單的道理不在我們討論之列。我們要討論的是那些看似平常之事。

比如口渴了想喝水，倒了十二分滿，肯定會溢出兩分，然後端著滿滿的一杯水，顫悠悠地湊近嘴唇——說不定又會有些潑灑，溼了地毯毀了鍵盤。就這樣，費時費力不要緊，還浪費水，不如倒個八分滿，俐落喝個滴水不漏，即省時省力，又節省資源，還能給人留下穩重的良好形象。

十多年前，一個靠軟體起家的億萬富翁看到房地產市場興盛，決心建一座「巨人大廈」。大廈的建設方案隨著經濟的興盛和富翁內心的燥熱，從十八層、三十八層、五十八層、六十四層……不斷加碼。一九九四年初，巨人大廈開工典禮。富翁剛想對外宣布巨人大廈要建成當地六十四層樓的第一高樓，話都到嘴邊，面對著參加典禮的名流殷勤的目光，富翁頭腦一熱：

六十四層樓也沒與國內一些高樓拉開太大距離。於是他一咬牙，脫口而出：「巨人大廈要建七十二層樓。」

最後因大廈資金告急，富翁把集團健康食品方面的全部資金都調往巨人大廈，而健康食品業務則由於「失血」過多，幾乎被拖垮了。苦苦支撐到一九九七年年初，巨人大廈還是沒能按期完工，已購預售屋的買家天天上門催要退款，媒體也用地毯式的方法報導了集團的財務危機。終於，在這一年，巨人集團的資金鏈斷裂，富翁一手打造的巨人集團宣告破產。

一九九五年，富翁在《富比士》富豪榜排名第八，然而兩年之後，他變得幾乎身無分文。在痛定思痛中，富翁做了深刻的反思與檢討。他在〈我的四大失誤〉一文中，認為自己首要的失誤是：「盲目追求發展速度。」他的胃口如同饕餮一樣巨大，為企業訂下的銷售目標，在短短的兩年之內，從十億到五十億再到一百億；他在短短幾年之內，從電腦行業到房地產業、健康食品業，四面出擊……他妄想以十二分的速度去迅速壯大自己，結果是吃不了兜著走，把自己帶入了一個深深的泥潭。因此，富翁當年的失敗，歸根究柢還是源於「過」——攤子過大，速度過快，而巨人大廈只不過是這個被點燃的火藥桶一根導火線而已。

如果一定要讓十二分的「過」與兩分的「不及」相比，我們可以想像：「不及」帶給巨人集團的結果要比「過」好——還有什麼情況會比公司破產、欠下眾多百姓「良心債」的後果壞呢？這個沉痛的教訓，相信會讓近年來再度站起的富翁走得更穩一點。

一九九〇年代末，是一個財富英雄風起雲湧的戰國時代，一大批人迅速崛起，一大批做事做「過了」的人迅速倒下。許多企業負責人，都在幾年內完成從閃亮登臺到黯然謝幕的過程。他（她）們都有過文字形式的、或長或短的反省，發展過快與貪大求全都是他（她）們自認為失誤的共性之一。他們的成敗得失，是留給社會的一筆寶貴財富。

幫汽車輪胎打氣，打到十二分必然爆胎，還不如少打一點，不夠還可以再補。八分便好，何苦非要十二分，畢竟十二分就「爆」了。十二分在很多時候還不如兩分，這就是所謂的「過」不如「不及」的簡單道理。

處世箴言

人生變故，猶如水流，事盛則衰，物極必反。樂不可極，樂極生悲；欲不可縱，縱欲成災。

八分飽需要一顆平常心

有一位驍勇善戰的將軍，歷經了上百次的血戰方才平息了戰事。鐵馬金戈的倥傯歲月已經遠去，賦閒在家的將軍因為無聊，便用玩古瓷來消磨時間。

在將軍收藏的眾多古瓷中，他最喜歡的是一個青花瓷碗，他幾乎每一天都要把這個瓷碗拿在手裡把玩。有一天，將軍在把玩這個瓷碗時，一不小心手滑，幸虧將軍身手還在，及時反手把瓷碗敏捷地接住。不過，將軍也因自己的疏忽而嚇出了一身冷汗。

因為有了這一次教訓，將軍刻意地減少了把玩那件瓷碗的次數與時間，並且在每次把玩時更加小心翼翼。然而，第二次危險又在不久之後降臨了。這一次，瓷碗幸運地落在將軍的布鞋上再滾到地下而得以保全。

自從青花瓷碗兩次險些遭了厄運後，將軍就更加小心對待它了。他大多數時間裡只是放在桌上看一看，很少拿到手裡把玩。而在那偶爾的把玩當中，將軍奇怪地發現：只要自己一拿起那青花瓷碗，心裡就會打鼓，手就會顫抖。

將軍心裡有了疑惑：我身經百戰，從來沒有過一絲畏懼與顫抖，為何現在為了一件舊瓷器竟變成這樣呢？

將軍想了很久，終於明白是自己太在乎這件瓷器了。他當初橫刀立馬，早已將生死置之度外了，因此從來沒有產生過恐懼與害怕。而今天，一件小小的瓷器僅僅是因為自己太在乎，就在他心裡掀起了巨浪，以至於手都不聽使喚。

太想穿好針的手會忍不住顫抖、太想踢進球的腳會忍不住顫抖、太想面試中勝出的嘴會顫抖……因為很想得到，所以很快失去——這樣的例子在我們生活中還少嗎？

美國曾有一個著名的雜技表演者叫瓦倫達（Karl Wallenda），他最拿手的雜技是高空的走鋼索。瓦倫達走在高空鋼索上，用「如履平地」來形容絲毫不誇張。然而，正是這樣一個技藝高超的雜技表演者，在一次重大的表演中不幸失足身亡。他的妻子事後說：「我知道這次一定要出事，因為他上場前總是不停地說：『這次太重要了，不能失敗，絕不能失敗。』他把很多精力用在避免掉下來上，而不是用在走鋼索，而以前每次成功的表演，他只想著走鋼索這件事本身，而從不去管這件事可能帶來的一切。」

那次觀看表演的都是美國的知名人物，演出成功不僅會奠定瓦倫達在雜技界的地位，還會給他的表演團帶來滾滾財源。而正是表演的「重大意義」，使瓦倫達的心不再平和、行動不再穩健。是十分飽的期望之心，制約了他能力的發揮。

瓦倫達用他生命的代價告訴我們，無論面對什麼，都要保持一顆平常之心。儘管要做到這一點很難，但我們不能因此而退卻。

處世箴言

富貴功名、榮枯得喪，人間驚見白頭；風花雪月、詩酒琴書，世外喜逢青眼。

最適用於人類的自然法則

二〇〇六年十二月中旬，為期三十八天的尋找白鱀豚的科學考察活動結束。考察隊遺憾地宣布，在來回三千三百三十六公里的考察中，考察隊未發現任何一頭白鱀豚。對於此次結果報社這樣說：「覆蓋白鱀豚歷史分布江段的長江科考未尋找到最後的白鱀豚，科學家們稱這個結果證明白鱀豚種群狀況極度瀕危，可能成為世界上第一個被人類消滅的鯨類動物。」

伴隨著一個又一個的生物離人類遠去，人類脖子上的絞繩也在一圈一圈地收緊。人與環境的和諧相處，再一次因為可愛的白鱀豚含恨離開地球而成為熱門話題。很多人與其說是在哀悼白鱀豚，不如說是在為人類的明天而哀悼。

技術的進步，放大了人的貪婪之心，也放大了人類貪婪所帶來的惡果。幾個獵人帶幾支槍，幾天裡就能在可可西里獵殺上百只稀少的藏羚羊。一艘電魚的小船，能夠乾淨俐落地將一條小河裡的魚蝦一網打盡。因為過度的放牧，草原在沙漠化；因為過度的攫取，地球之肺——熱帶雨林在一片片地消失……這種竭澤而漁的瘋狂，損害的最終也是人類的利益甚至生存。

與人類的貪婪與無知相比，野生動物們要明智與節制得多。肉食動物如獅子，牠們只要狩獵到足夠自己和「家人」能吃飽的程度，就不會再攻擊其他獵物。哪怕是牠最喜歡吃的斑馬，也勾不起它獵殺的欲望。如果獵物一次吃不完，牠也不會硬撐，或者死死守住。牠會大方地離去，任土狼來接著享用；土狼吃剩的，留給野狗；野狗吃剩的，留給禿鷲……總之，一點也不浪費。

這些野生動物，不會因為吃得太飽而脹氣。牠們恪守著八分飽的自然法則，在億萬年的歷史長河裡共同生活、競爭與進化。而人類這個所謂的智者群體，卻一次又一次地在品嘗因十分飽而帶來的災難後，仍不思改變。

酒飲微醉處，花看半開時。明人許相卿曾說：「『富貴怕見花開』，此話殊有意味。言已開則謝，適可喜正可懼。」得意時莫忘回頭，著手處當留餘步。此所謂「知足常足，終身不辱，知止常止，終身不恥。」

處世箴言

欲不除，似蛾撲燈，焚身乃止；貪無了，如猩嗜酒，鞭血方休。

第二章　淹死的大都是水性好的人

《管子．樞言》說：「人之自失也，以其所長者也。故善游者死於梁池，善射者死於中野。」梁池當指橋下水流湍激處。善游泳的自恃善游，游泳到水漩渦處，被捲入漩渦中死去。善射的自恃善射，常在中野射鳥獸，被猛獸所害。這即是失由於得。

善游者死於梁池

有點本事的人，總是不甘寂寞。就像水性好的人，在一群人中游泳，總是有領先開路的欲望。「鶴立雞群」的感覺也許不錯，但「淹死的都是游泳好手」的結果卻有點悲慘。

一個不善於游泳的人，在水中淹死的可能性要比水性好的人小。淹死的很多都是水性好的人，因為他們自以為水性好就疏忽大意了。而水性不好的人反而不會輕易去沾水。《管子・樞言》說：「人之自失也，以其所長者也。」故「善游者死於梁池，善射者死於中野。」梁池是指橋下水流湍激處。善游泳的自恃游泳技術高超，無懼險境，結果被捲入漩渦中死去。善射的自恃箭術精準，常在中野射鳥獸，結果被猛獸所害。這就是人的「失」為什麼來自於優點的道理。

人有一技之長，最容易「仗技欺人」，這和「仗勢欺人」的心理差不多。遺憾的是，人們大多知道仗勢欺人不可取，卻鮮有人意識到「仗技欺人」的惡果。

在馬來西亞有不少酷愛蛇、以耍蛇為生的人，他們常常在馬來西亞、泰國各地進行既驚險又刺激的弄蛇術。四十八歲的阿里・汗・薩姆蘇丁（Ali Khan Samsudin）就是其中最為著名的表演者之一，他曾經創造過與蛇同居時間最長的金氏世界紀錄，被許多人譽為「蛇王」。

然而，正是這位天天與蛇打交道的蛇王，卻在二〇〇六年十二月的一次日常表演中，被眼鏡蛇意外地咬傷致死。據英國媒體報導，這一慘劇發生在阿里汗最後一次很普通的表演中。當時正是中午時分，阿里汗應幾個遠道而來的年輕女孩表演耍蛇，和往常一樣，阿里汗十分嫻熟地耍著手中的一條眼鏡蛇。可是，不知道為什麼，那條平時還比較聽話的蛇突然朝著自己的主人猛咬一口。

眼鏡蛇的毒性很強，這是人盡皆知的常識。一般人被眼鏡蛇咬傷後，肯定會採取必要的綁紮以及放血措施後，在第一時間裡到醫院進行治療。作為一代蛇王的阿里汗卻「藝高人膽大」，他被咬傷後，不但沒有採取任何措施，甚至還繼續著自己的表演。在這場阿里汗耍蛇的謝幕表演中，人們看到他的動作越來越遲鈍，汗水也大顆大顆地冒出來，但他依然倔強地持續表演，直到暈倒在地抽搐不止。

看到情況越來越不妙，人們才手忙腳亂把阿里汗送進醫院。然而，這位年輕的「蛇王」已經沒有呼吸了，心臟也停止跳動了。

阿里汗死於蛇口，看似偶然，實則是偶然之中的必然。從他當時耍蛇的錄影來看，那條咬傷他的眼鏡蛇在一開始就拒絕表演。當阿里汗把它從棲息的竹筒中拿出來時，蛇就表示了反抗。這種情況如果是一般耍蛇藝人遇到，會馬上終止表演。但阿里汗不會，因為他是蛇王，他仗著自己的過人的耍蛇本領，可以忽視這種不合作。後來專家的分析是，因為作為冷血動物的蛇喜歡陰涼，阿里汗在中午炎熱的時間裡，要求蛇從竹筒裡出來表演的行為惹惱了牠。我想阿里汗對於蛇的這個習性肯定知曉，但他卻忽視了，因為他認為自己是蛇王，無所不能的蛇王。

後來，阿里汗不顧自然規律被蛇咬傷後，他不但不處理傷口，還繼續表演——運動會加快血液循環，能導致蛇毒擴散加快的道理他肯定也知道。這些常人覺得匪夷所思的事情，居然都發生在阿里汗身上。為什麼？因為他有本錢可以依仗。他玩蛇十多年來，遭各種蛇咬傷近百次次。第一次被咬傷後他堅持不去醫院，結果傷口在幾天後痊癒。以後他又多次遭蛇咬傷，最慘的一次是兩天內遭六條蛇咬傷，使他昏迷不醒，送到醫院急救並躺了一個月。醒來後，家人要他停止玩蛇，但卻被他拒絕。最驚險的一次是他曾被眼鏡蛇咬到頭部，醫院宣布了他的死亡，但幾天後親友把他的遺體運往廟宇準備火化時，他的身體突然開始活動，然後經過一番治療，又奇蹟般地起死回生，恢復了健康。看！一個擁有如此驕傲本錢的人，對於蛇咬又有什麼值得害怕的呢？

然而，這一次，阿里汗卻沒有先前的幸運了，蛇將他的生命定格在四十八歲——一個風華正茂的年齡。耍蛇者終於死於蛇，再次為「善游者死於梁池，善射者死於中野」這句睿智的名言作了一個有力的注腳。

逝者長已矣！作為生者，我們難道不應該從阿里汗的人生悲劇中吸取一些教訓嗎？即便有點本事，或有很高超的本事，我們就可以十分、十二分地逞強嗎？為什麼不為自己留些餘地，保持對人、對物，對生靈，對大自然的一點點，哪怕是一兩分敬畏之心呢？

處世箴言

人之自失也，以其所長者也。故善游者死於梁池，善射者死於中野。

有能不逞真英雄

一個人若無能，那就是庸人。所以，人有能並不是一件壞事。對於不少人來說，有能不逞如同「衣錦夜行」，實在心有不甘。然而，能若是被用來去逞，則易釀成大禍。能力猶如刀之鋒芒，而你就像一個擁有利刃的刀，若經常抽刀出鞘卻無斬獲，即使不去傷別人樹敵、不想害自己受傷，也會導致寶刀變鈍。

那麼，一個人是否就應該將能力深藏呢？——否也。利刃最大的價值是出鞘後殺敵斬將，能力的鋒芒若永久深藏，與沒有能力的庸人又有什麼差別？

因此，我們說：能力要露，但不能「逞」。在適當的時候與適當的場合顯露出自己的能力，讓周圍的人看到意氣風發的你、能力超卓的你，你便會贏得來自周圍的信任與信服，並擁有更多發展的機會。尤其是身處在這個高效率、快節奏、強競爭的社會，你若是一直默默無聞，很快就會被貼上庸才的標籤而得不到重用。至於什麼「三年不鳴，一鳴驚人」的認知，那是過去式了；你三年不鳴，公司如果沒有把你炒魷魚就不錯了，就算照顧你，把你放在一個平庸低級的職位——一個狹窄的舞臺，你又能如何去演出一場一鳴驚人的大戲？

當今社會的某些人，大都有些知識與才能，也知道努力推銷自己、表現自己，以展現自己的價值。但他們的缺點通常不是「鋒芒不露」，而是「鋒芒畢露」式的逞強。我們經常看到一些人，僅有不到十分的才能，卻要十二分地表現出來，不僅如此，生怕別人不知道自己那點能耐，還要十三分地說出來。他們往往有著充沛的精力，很高的熱情以及一定的能力。他們說起話來咄咄逼人，做起事來不留餘地。然而，大家會承認他是「強人」嗎？

一個熱衷於逞強的人，即使是碰上自己沒有把握的事情，也容易因為過高地評估自己的能力、或顧忌面子問題而霸王硬上弓。其結果不用多說，十有八九是會把事情搞砸。若是幫自己做事，事情搞砸了的苦酒那得由自己品嘗；若是替別人打工，同事們不僅不會在你危難時候伸出援手，甚至有可能落井下石——因為你的逞強導致你的人際關係不可能和諧。木秀於林，風必摧之；堆出於岸，流必湍之；行高於人，眾必非之。熱衷於逞強的人終究是成不了氣候的。

能力當然要露，因為能力存在的意義就在於露；但不能畢露，露八分即可，能力畢露就成了逞強。當然，這個八分不具備數學上的精確意義，也沒有人能機械地開列出具體的操作手冊。這是很難拿捏的分寸，比女人站在穿衣鏡面前考慮露多少怎麼露要難多了。然而你一旦心領神會，你的個人魅力將不亞於最會穿著打扮的女子，你的人緣必定左右逢源，事業也會風生水起。

總之，該出手時就出手，但不該伸手時，切莫把手伸得過長。這全在於運用之妙，存乎一心。

處世箴言

好辯以招尤，不若訒默以怡性；廣交以延譽，不若索居以自全；厚費以多營，不若省事以守儉；逞強以受妒，不若韜精以示拙。

出頭之前要三思

我們每天忙碌奔走，都希望自己能夠有一天出人頭地。想出人頭地並不是什麼錯，一個對自己有事業心的人、一個對家人有責任感的人，都會有出人頭地的欲望，只不過，有些人隱藏得深一點，有些人隱藏得淺一點。

做人做事，我們要出頭，但不可強出頭。所謂「強出頭」的「強」，在這裡有兩層意思。

第一個「強」是指「勉強」，也就是說，本來自己的能耐不夠，卻偏偏要勉強去做。當然，我們承認一個人要有挑戰困難的決心與毅力，但挑戰一定要有分寸。如果說，明知山有虎，偏向虎山行是勇於面對挑戰的勇氣，那麼「無毛雞，假大格。」的勇氣便是勇得過分勉強的「傻氣」了。如果沒有一定的「打虎」能耐，何必去送死？如果一定要打虎，先練練功夫才是最明智的選擇。失敗固然是成功之母，但我們不可能為了成功而去追求失敗。自不量力的失敗，不僅會折損自己的壯志，也會惹來了一些嘲笑。

第二個「強」是指「強行」，也就是說，自己雖然有足夠的能力，可是客觀環境卻還未成熟。所謂「客觀環境」是指「大勢」和「人勢」，「大勢」是大環境的條件，「人勢」是周圍人對你支持的程度。「大勢」如果不合，以本身的能力強行「出頭」，不無成功機會，但會多花很多力氣；「人勢」若無，想強行「出頭」，必會遭到別人的打壓排擠，也會傷害到別人。

越是強人，越喜歡出頭。三國時期，群雄四起。第一個大張旗鼓跳出來的人是袁術。袁術最大的一個失策是不應該率先稱帝。在亂世之下，大家都想當皇帝，又都不敢帶頭，偏偏袁術迫不及待，終於成為出頭鳥。在群雄割據、勢力相當的情況下，誰當這個頭，誰就會成為眾矢之的。袁紹他們懂這個道理，因此儘管心裡癢癢的，也只好忍住。曹操本來是最有資本稱帝的，但他的心裡透亮，孫權一度力勸他稱帝，他一眼就看穿孫權的鬼心眼，說這小子是想把我放在火上烤。只有袁術不懂，他以為只要他一搶先稱帝，便占了上風，別人也就無可奈何。結果是用血的教訓為「出頭鳥最先爛」作了一個令人信服的詮釋。

其實，在袁術剛起稱帝念頭時，就有不少人勸他不要去搶這頂獨有其名的皇冠，帶上容易取下難。與他關係好一點的，官僚陳珪不贊成，下屬閻象和張範、張承兄弟不贊成。閻象說：「當年周文王『三分天下有其二』，尚且臣服於殷。明公比不上周文王，漢帝也不是殷紂王，怎麼可以取而代之？」張承則說：「能不能取天下，『在德不在眾』。如果眾望所歸、天下擁戴，便是一介匹夫，也可成就王道霸業。」可惜這些逆耳忠言，袁術全都當成了耳邊風。

袁術一宣布稱帝，曹操、劉備、呂布、孫策四路人馬殺向壽春城，大敗袁術。袁術逃往汝南，妄圖繼續作皇帝。後來，在汝南實在是待不下去了，袁術只得北上投奔庶兄袁紹。不想在半路途中被向曹操借兵的劉備擊潰。逃離壽春後，在《三國志．袁術傳》裴松之注引《吳書》中有這樣的文字記載：「問廚下，尚有麥屑三十斛。時盛暑，欲得蜜漿，又無蜜。坐櫺床上，嘆息良久，乃大咤曰：『袁術至於此乎！』因頓伏床下，嘔血斗餘而死。」其大意為：（沒有了糧食）袁術詢問廚子，回答說只有麥麩三十斛。廚子將麥麩做好端來，袁術卻怎麼也嚥不下。其時正當六月，烈日炎炎，酷暑難當。袁術想喝一口蜜漿也不能如願。袁術獨自坐在床上，嘆息良久，突然慘叫一聲說：「我袁術怎麼會落到這麼個地步啊！」喊完，倒伏床下，吐血一斗多死去。

袁術是一個強人，但充其量只是一個外強中乾的強人。相比袁術而言，明朝的開國皇帝朱元璋就要扎實多了。當他起兵攻打下現在的南京後，採納了謀士朱升的建議：「高築牆、廣積糧、緩稱王。」高築牆是做好防禦工作，不讓別人來進攻自己；廣積糧是做好準備工作，準備好兵、馬、錢、糧；緩稱王是控制輿論，不讓自己成為別人攻擊的目標。這個九字真經，可以說是朱元璋成就帝業之本。

朱元璋的不出頭，實質上也是為了出頭。時代在進步，當今的人與人之間雖然沒有了古時那麼多的勾心鬥角，但因「出頭」的欲望還是沒有改變，「強出頭」而導致的被動的局面也屢見不鮮。因此，在出頭之前，請你不妨評估一下自己的實力，盤算一下機會，觀察一下環境，認真悟一下「量力而行」的真正含義。力不從心時莫勉強，時機不成熟莫勉強，環境不利己莫勉強。

處世箴言

晦非恆有，須養而後成。善養者其利久遠，不善養者禍在目前。晦亦非難養也，琴書小技，典故經傳，善用之則俱為利器。醇酒醉鄉，山水煙霞，尤為養晦之爐鼎。

我是弱者我怕誰

在一輛擁擠的公車上，一個彪形大漢因為有人踩了他的腳而怒氣沖天，他站起身，晃動著拳頭，正要砸向哪個踩他腳的人。那人突然來了一句：「別打我的頭啊，我剛動了手術出院。」大漢聽了這話，頓時如斷了電的機器人一樣，高舉的手定格在半空中，然後如洩氣的皮球倒在自己的座位上。過了一會，大漢居然起身，要把自己的位子讓給那個踩了他的腳的人。

這一幕極具戲劇性的場景，是筆者親眼所見。它令我想到了人與人之間的許多糾紛，不光只是靠講道理或比實力來解決的。有時候，主動示弱也是極其有效的化解方式。人都有爭當強者的心態，而要當強者至少有兩條途徑：與人角力衝突獲勝，可以滿足自己的強者心態；而對於弱者的遷就與照顧，實際上也是滿足了自己的強者心態。

人人都喜歡當強者，但強中更有強中手。一味地好強，自有強人來磨你，還不如在適當的時候示弱效果好。在強者面前示弱，可以消除他的敵對心理。誰願意和一個明顯不如自己的人計較呢？當「強」與「弱」出現明顯的差距時，自認為的強者若與弱者糾纏，實在是把自己的身分與地位降低。就像一個散打高手，根本就不屑於和一個文弱書生動手——除非在忍無可忍的情況之下。再舉一個例子，如果一個不懂事的小孩罵了你，你會和他對罵嗎？肯定不會，除非你也是一個小孩，或者你自願成為一個只有小孩心胸的成年人。

除了在強者面前要學會示弱外，在弱者面前我們也應該學會示弱。在弱者面前示弱，可以令弱者保持心理平衡，減少對方的或多或少的嫉妒心理，拉近彼此的距離。在弱者面前如何示弱呢？

例如：地位高的人在地位低的人的面前不妨展示自己的奮鬥過程，表明自己其實也是個平凡的人；成功者在別人面前多說自己失敗的記錄、現實的煩惱，給人以「成功不易」、「成功者並非萬事大吉」的感覺；對眼下經濟狀況不如自己的人，可以適當訴說自己的苦衷，讓對方感到「家家有本難念的經」；某些專業上有一技之長的人，最好宣布自己對其他領域一竅不通，袒露自己日常生活中如何鬧過笑話、受過窘迫等；至於那些完全因客觀條件或偶然機遇僥倖獲得名利的人，完全可以直言不諱地承認自己是「瞎貓碰上死耗子」。

曾有位記者去採訪一位政治家，原本打算蒐集一些有關他的一些醜聞資料，寫一篇負面的新聞報導。他們約在一間休息室裡見面。在採訪中，服務生剛將咖啡端上桌來，這位政治家就端起咖啡喝了一口，然後大聲嚷道：「哦！該死，好燙！」咖啡杯隨之滾落在地。等服務生收拾好後，政治家又把香菸倒著放入嘴中，從過濾嘴處點火。這時記者趕忙提醒：「先生，你將香菸拿倒了。」政治家聽到這話之後，慌忙將香菸拿正，不料卻將菸灰缸碰翻在地。

平時趾高氣揚的政治家出了一連串洋相，使記者大感意外，不知不覺中，原來的那種挑戰情緒消失了，甚至對對方懷有一種親近感。

其實，整個出洋相的過程，都是政治家一手安排的。政治家都是深諳人性弱點的高手，他們知道如何消除一個人的敵意。當人們發現強大的假想敵也不過於此，同樣有許多常人擁有的弱點時，對抗心理會不知不覺消弭，取而代之的是同情心理。人一旦同情某一個人，是不願去打擊他的。

好強並沒有什麼錯，但過於好強則會產生許多不必要的誤會與糾葛，浪費自己的時間與精力不說，還有可能招來災禍。因此，好強不必去爭十分，有八分就正好，既保持了我們人生的高昂氣勢，又保護了自己的銳氣不至於損傷。

處世箴言

君子養晦，用發其光；小人養晦，冀逞兇頑。晦雖為一，秉心不同。

能而示之以不能

《孫子兵法》中有云：「兵者，詭道也。故能而示之不能，用而示之不用……」這裡所謂的「能而示之不能」，是指有能力卻故意裝作沒有能力的樣子。

三國時期的陸遜，是東吳繼周瑜、魯肅、呂蒙之後的又一個聲望頗高、功績卓著的將領。他智勇兼備，武能安邦，文能治國，並且人品高尚。孫權把他比做成湯之伊尹和周初之姜尚。就是這麼一個有才能之人，在奪取荊州一戰中，不停以卑下的言辭寫信吹捧關羽。關羽收到陸遜吹捧自己的信後，認定二十三歲的陸遜不過是一個百無一用的書生，對東吳軍隊完全喪失警惕，全力去對付曹操。就這樣，吳軍才得以白衣渡江，兵不血刃地輕取荊州。

兵不厭詐，戰爭終歸是以成敗論英雄的。人世間的許多事情也許沒有兩軍交戰時那麼慘烈，但人與人之間交鋒的複雜程度絲毫不亞於戰爭。因此在某些特殊的場合和情境下，有時還是需要裝無能的。比如同事花了很大力也解決不了一個技術問題，上司見了勃然大怒，當場指定作為新人的你處理——而這個問題恰恰是你能夠輕鬆解決的。上司叫你處理你當然得處理，但如何處理卻有很多的「眉角」。是一上場就乾脆俐落解決？還是上場之後假裝自己也不能解決？或者假裝很艱難地解決？

一般來說，一上場就乾脆俐落解決是不可取的，因為你的行為會傷害到同事在上司心中的地位，也會傷害同事的自尊。上場之後假裝自己也不能解決，也不可取，因為這打破了職業精神的底線，也錯失了一個你在上司面前的絕佳表現機會。因此，折中的方法是假裝很艱難地解決問題，其中你還應該就某些你本來就知道的問題向同事「求教」，最後，在雙方的「共同」智慧下，問題「總算」圓滿地解決。這個折中的方法，其實就是一個八分飽處世哲學的方法。既解決了問題，也適當地表現了自己，還沒有得罪同事（他甚至會感激你）。

筆者曾在某機關當祕書，每次幫上司擬的報告、演講稿總是會受到該上司的批評。對上司提出的批評，我自然得虛心接受。但批評的次數多了，我漸漸感覺出有些不對勁，因為無論我做得如何到位，上司總是要在雞蛋裡挑骨頭。努力完善過了的稿子，他總是能指出一些不是缺點的缺點，提出我根本無法接受的「意見」。按照他所謂的意見修改稿子，實在很痛苦。

無奈之下，我專程到已經卸任的前任祕書家中取經。老祕書的一番話讓我目瞪口呆：稿子一定不要做到十分好，做到八分就行了。原來該上司一向自以為文筆好，喜歡彰顯自己的文字能力，並且喜歡以教訓或教育下屬的口吻來展現自己的權威。因此，祕書代擬的文稿在他那裡都要接受「指教」。老祕書應對的方法是：每一個文稿都特意留幾個無傷大雅的錯別字和幾處語法錯誤，專門留給上司來「指教」自己。而我的稿子，因為一心只想如何做好，從框架到行文以及錯別字和語法錯誤都是極少的，讓上司無從「表現」自己，便只有胡亂批評，所以讓我摸不著頭緒。

在老祕書那裡取了真經後，我「改進」了寫作方法。果然，上司有點興奮地告訴我是「希冀」而不是「希翼」……我虛心接受，搗頭如蒜。上司每次指出文稿的幾個小毛病，我遵照他的吩咐作了小的修改之後(順便修改一些他沒有看出來的錯誤)，一切OK！

自從我運用了主動犯錯以示「不能」，寫出八分好的稿子後，上司與我的關係比先前和諧多了。上司有時會讚美我有進步，而不是先前橫眉豎眼的不開心。而我對他意見的欣然接受，也給了他良好的印象。我唯一要注意的是：他指出過的錯誤不能屢「犯」。

也許有人會不屑筆者的「自宮」。但假如你需要這個工作，而你又無法改變這個工作的環境，除了適當地因應與遷就，你又能怎麼樣呢？值得慶幸的是，這種近似乎滑稽的事情並不多。只是不多並不意味著沒有，當你不幸遇上，還是要學會運用「主動示之以不能」的八分飽策略來應對。這算不上「圓滿」，不過是為了讓上下級關係，說穿了就是人與人之間的關係更和諧一些。畢竟，尺有所短，寸有所長，不會因為上司「文采」不如我就不配當上司，我也不可能因為寫得一手好文章就青雲直上，那樣理解就不對了。

處世箴言

聰明過露者德薄，才華太盛者福淺。

裝傻的人有「傻福」

人們常說：傻人有傻福。為什麼呢？因為人們一般懶得和傻人計較——和傻人計較的話自己豈不也成了傻人？也不屑和傻人爭奪什麼——贏了傻人也不是什麼光彩的事情。相反，為了彰顯自己比傻人要高明，人們往往樂意關照傻人。因此，傻人也就有了傻福。

和傻人相對應的是聰明人。大多數人都想給自己建立一個聰明人的形象，唯恐別人不知道自己的聰明，便處處展現自己的聰明。這種唯恐天下不知道自己聰明的人，在某些方面只能算是精明人。就像那些處處拿錢炫耀的人，再有錢也只能叫暴發戶而不能成為貴族。

精明人因為精明，對身邊有利害關係的人總是會感到有潛在威脅。會被人們時時提防，處處打壓。明代政治家呂坤以他豐富的閱歷和對歷史人生的深刻洞察，在《呻吟語》中說一段十分精闢的話：「精明也要好十分，只需藏在渾厚裡作用。古今得禍，精明人十居其九，未有渾厚而得禍。今之人惟恐精明不至，乃所以為愚也。」《紅樓夢》中的王熙鳳，不可謂不精明，結果是機關算盡反誤了卿卿性命！

真正的聰明人在適當的時候會裝裝傻。明朝時，況鐘從郎中一職轉任蘇州知府。新官上任，況鐘並沒有急著燒那所謂的上任三把火。他假裝對政務一竅不通，凡事問這問那，瞻前顧後。府裡的小吏手裡拿著公文，圍在況鐘身邊請他批示，況鐘佯裝不知所措，低聲詢問小吏如何批示為好，並一切聽從下屬們的意見行事。這樣一來，一些官吏樂得手舞足蹈，都說碰上了一個傻上司。過了三天，況鐘召集知府全部官員開會。會上，況鐘一改往日愚笨懦弱之態，大聲責罵幾個官吏：某某事可行，你卻阻止我；某某事不可行，你又慫恿我。罵過之後，況鐘命左右將幾個奸佞官吏捆綁起來一頓狠揍，之後將他們逐出衙門。

還有一個著名的裝傻高手，叫李忱。他的裝傻不但保全了自己的性命，還因傻而坐上了龍椅。李忱是唐朝第十九位皇帝（不計武則天）唐憲宗的第十三子，因為自幼笨拙木訥，在皇子當中非常不起眼。長大後，李忱更是沉默寡言，形似弱智。因為他與九五之尊的形象相差太遠，所以在一次又一次權力傾軋的刀光劍影中安然無恙。

命運在李忱三十六歲那一年來了一個華麗的轉身。會昌六年（西元八百四十六年），唐朝第十五位皇帝唐武宗因為食方士煉的所謂仙丹而暴斃。國不可一日無主，誰來當繼任皇帝呢？當時，朝廷裡宦官的勢力很強，這些宦官們為了能夠繼續獨攬朝政、享受榮華富貴，首先想到的就是找一個容易控制的人上臺。他們斟酌來斟酌去，發現有點弱智的李忱是最好的人選。於是，身為三朝皇叔的李忱被迎回皇宮，黃袍加身。

居心不良的宦官們的算盤打得很好，但他們顯然低估了李忱的能耐。李忱登基後，將專權的宦官們一一清理，並勵精治國，使暮氣沉沉的晚唐呈現出「中興」的局面，以至於被後人稱之為「小太宗」。

精明人成功起來的確會難一些。你的競爭對手會因為你的精明而時時思索著你、防備著你，甚至於反過來用更加的精明來算計你。就是和你在同一個陣營中的人，也往往因為覺得你有不錯的資質，對你的期望過高。顯然，過高的期望一旦落空，失望也同樣是「過高」的。

如此看來，人還是傻一點好。不夠傻的話，就裝裝傻吧。

裝傻，看似愚笨，實則聰明。人立身處事，不矜功自誇，可以很好地保護自己。即所謂

「藏巧守拙，用晦如明」。不過，人人都想表現聰明，裝傻似乎是很難的。這需要有傻的胸懷和風度。《菜根譚》說：「鷹立如睡，虎行似病。」也就是說老鷹站在那裡像睡著了，老虎走路時像有病的模樣，這就是他們準備獵物吃食前的手段，所以一個真正具有才德的人要做到不炫耀，不顯才華，這樣才能很好地保護自己。

裝傻還需要出色的表演才能：拿出演技，是為了愚人耳目，真功夫卻不可告人。或者裝瘋，或者裝啞，或者裝傻，或者裝不知道，宗旨只有一個，那就是掩藏真實目的；要求也只有一個，即逼真，使旁觀者深信不疑。古時便有成語：大智若遇。鄭板橋那幅「難得糊塗」和他人一樣有名，你以為那是真愚蠢真糊塗嗎？那你可就沒有「大智」了。

既是演戲，除了演技之外，最要緊的是自信。自信自己會成功，自信自己確能愚人耳目，自信自己演技勝人一籌。這樣，演起戲來才會面不改色心不跳，沉著冷靜，應付自如，彷彿完全進入角色。

處世箴言

鷹立如睡，虎行似病，正是它攫人噬人手段處。

第三章　有些缺點你完全不必在意

甘瓜苦蒂，物不全美。外貌上沒有缺陷的人只存在虛擬的夢中或網路裡，行為上沒有缺點的人只出現在逝者的訃告與祭文上。活著的人個個都是不完美的。人之於世，各有優劣，駿馬能歷險，犁田不如牛；堅車能載重，渡河不如舟。有優點不要自傲，有缺點不要自卑。

不刻意掩飾缺陷的人更真實

完美無瑕的美女只存在於過去的傳說以及自己的夢中。但是，近年來隨著電腦技術的進步，形形色色的虛擬美女開始出現在人們的眼前。虛擬美女們的相貌精緻，皮膚細膩，身材絕倫——簡直個個都是絕世美人。

3D設計師是一群永遠也不知道疲倦的唯美主義者，他們甚至為這群虛擬的美女舉行了世界級的「選美大賽」。在義大利舉行的「數位世界小姐」大賽和在倫敦舉行的「超現實數位模特展」，成了虛擬美女們爭奇鬥豔的最佳場所。

值得玩味的是：在虛擬美女的舞臺上，最受歡迎的並非是那些幾乎無可挑剔的美人；相反，人們對於有缺陷的美女更加情有獨鍾。在倫敦舉行的「超現實數位模特兒展」上，一個叫卡婭的虛擬「美眉」豔壓群芳。她濃眉大眼、烈焰紅唇；她一本正經、嚴肅有加；她嫣然一笑，露出可愛的虎牙；如果靠近一點，她臉上的雀斑清晰可見；再靠近一點，略顯粗大的毛孔都盡入眼簾。卡婭是「數位美女團」中的十二佳麗之一，她在眾多愛慕者的鮮花和郵件的包圍中忙得不可開交。

卡婭是巴西藝術家阿爾塞烏．巴普提斯塔奧嘔心瀝血創造出的虛擬美女。巴普提斯塔奧認為卡婭是他無數作品中最成功的典範、也是新一代「數位模特兒」中最時髦、最有魅力的一個。雖然卡婭有許多「缺陷」，但正是這些缺陷使她有了無與倫比的真實感，造就了她的非凡魅力。

在爆紅動畫電影《駭客任務立體動畫特集》（*The Animatrix*）中，身手不凡的東方美女在《最後戰役》（*The Matrix Revolutions*）中把中國古劍使得出神入化，一拳一腳真實有力。不過她和卡婭一樣，臉上也長著雀斑，仔細分辨，還有一些小黑痣，一雙眼睛異常真實。導演華卓斯基姐妹（The Wachowskis）喜地宣布，他們大膽地呈現人類肌膚細微的動作和改變，獲得了巨大的成功，能將人物的皮膚和汗水都逼真地加以表現，實現了創作虛擬形象上的技術突破。毫無疑問，我們眼前的虛擬美女會變得和真實世界中的美女一樣，同時擁有美麗和不同的缺陷，而不再是渾身透著虛假氣息的虛擬人。

虛擬美女的誕生不過短短十來年，從一九九六年誕生至今，看多了「數位尤物」的人們更青睞接近現實的「虛擬模特兒」。因為那些近乎完美的數位美女給人以不真實的感覺。現在，一些執著的3D設計家們已經改變這一切，一個新的時代開始了——現實版虛擬美女們開始或長起滿臉雀斑、或戴上俗氣的黑框眼鏡、或不經意露出口中的虎牙，競相流行「缺陷美」。

虛擬世界裡的完美，在現實中並不怎麼受到歡迎，其原因是看上去不真實。沒有人喜歡假的東西，就像仿真花，無論做得如何完美，甚至噴上香水，也終歸敵不過鮮花的魅力。那麼，生活在現實生活中的人，還有什麼理由去追求完美呢？你追求而來的「完美」，無非是努力掩飾了缺陷而已，在別人眼裡是虛偽的，是令人懷疑的，是不值得信任的。

吳君如曾在電臺節目中大曝金像影后周迅有口吃毛病，指出雖然周迅在鏡頭前演戲及唱歌口齒伶俐，但在鏡頭後卻有口吃的毛病。吳君如更指周迅為怕暴露缺點，一直很怕接受訪問。周迅在慶功宴回應得出乎意料的坦白，她說：「我口吃，是所有人都知道的。我反而為自己驕傲，我有這個缺點，就去克服它，去演戲和唱歌。」周迅一言既出，唯恐天下不亂的娛樂記者們都啞口了。在一個真誠的人面前，連有「狗仔隊」盛名的記者們都失去了嘲笑她的勇氣。

拿破崙身材矮小，莎士比亞是個禿頭，尼采雙眼凹陷，塞凡提斯長著招風耳。有缺陷就有缺陷吧，沒必要整天藏著掖著。把眼睛放在你那八分的優勢上，而那兩分的缺陷會把人襯托得更加真實與真誠。

處世箴言

拙之一字，免了無千罪過；閒之一字，討了無萬便宜。

勇於不如人的人是明智的人

生活中常有這樣一些人，總是好為人師。每當人們談論一個話題時，他就會接過話頭說：「這個嘛，其實是這樣的……」然後東拉西扯地胡說八道，直說得天昏地暗，牛頭不對馬嘴，仍洋洋得意。而睿智的先哲曾經說過：「我唯一知道的是我的無知。」

「知之為知之，不知為不知」，做人應該能勇於承認自己的「不知」，並坦率地向他人請教，反倒是能夠留給人們極好的印象。這樣做的同時，自己也可以得到不少新的知識，亦不必因自欺欺人而感到內心不安。

這個道理雖然很多人懂，但問題是對於有些人來說，道理好懂，做起來卻難，光是一個「面子」問題，就會使他們羞於說「不知道」。

一位研究生曾回憶說，他曾遇到過這樣一件事，由於學位論文在正式口考前要送交專家審閱，他便把他寫的有關宇宙觀的哲學論文送交給一位白髮蒼蒼的物理系教授，請他多多指教。但他沒有想到的是，這位老前輩第一次約見他的時候就誠懇地對他說：

「實在對不起，你論文中所寫的物理學理論我還不太懂，請你把論文留在我這裡，讓我先學習一下有關的知識後再給你提意見，好嗎？」

他當時簡直不敢相信自己的耳朵，不是因為相信老教授真的不懂，而是因為這樣一位物理系的權威大家，勇於當著一位還沒有畢業的研究生的面，承認自己在物理學領域還有不懂的東西！

老教授大概看出了他內心的疑惑，爽朗地笑了起來：「怎麼，奇怪嗎？一點都不奇怪！物理學現在的發展日新月異，新知識層出不窮，好多東西我都不了解，而我過去學過的東西現在有很多已經陳舊了，我當務之急是重新學習。」

老教授的這番話使這位研究生佩服得五體投地：這才是真正的學者風度！回想起自己經常礙於面子，在同學面前，不知道的事情也硬著頭皮憑著一知半解去發揮，真是十分慚愧！

在他做論文口考時，有一位外校的教授向他提出了一個他不懂的問題，他雖然覺得心跳加速，臉頰發熱，但一看到坐在前面的那位物理系教授，頓時勇敢地說「這個問題我不知道」。他原以為在場的人會發出譏笑，但結果並沒有發生這種不利的反應。他甚至還見到那位教授滿意地點了點頭。口考會一結束，老教授就把他叫到一邊，詳細告訴了他那個問題的來龍去脈，使他大受感動。

白髮蒼蒼的老教授勇於向年輕人承認自己「不懂」，使研究生對他更加尊敬；研究生深受教授，在口考時面對難題，也承認了自己知識的不足，同樣受到他人的讚賞。可見，承認「不知道」不但可在人們的心目中增加可信度，消除人際關係中的偏執和成見，開闊視野，增長知識，而且還有另外一大益處：使自己更富有想像力和創造力。

在阿拉伯流傳著這樣一個故事。曾經有一位善辯的哲學家來到蘇克薩哈市，他問道：「誰是你們這地方最出名的學者？」

人們告訴他：「是謝赫．納蘇倫丁．朱哈。」

哲學家找到朱哈，想為難他一番。

「請問朱哈先生，我有四十個問題，您能否用一句話回答全？」

「可以！」

哲學家一一提出他的四十個問題，臉上不時流露出得意的神情。

「朱哈先生，我的問題提完了，請您回答吧！」哲學家側著耳朵等朱哈回答。

朱哈揚起下巴，答得十分乾脆：「不知道！」

雖然朱哈回答這位哲學家的是「不知道」，但他們兩人對問題的認知高下已經立判分明。

老子在《道德經》的第三十三章云：「知人者智，自知者明。」意思是：能了解別人的人是智慧的，能了解自己的人是聰明的。人終究是人不是神，不可能處處都能勝過人。勇於不如人，正是源於了解別人和了解自己。因此，勇於承認自己不如人的人，是明智之人。

可惜現實社會中總是有那麼些人，為了一時的場面，或為了一時的盡興，明明不如人卻還要硬撐著比別人「好五倍」，明明做錯了還要厚著臉皮說「就是好」。明明是窮鄉僻壤，偏要在公路邊修一道「遮醜牆」；明明是貧困地區，卻要山珍海味地大宴賓客。這種人不是無知就是無恥，終歸會為人們所不齒。不如人就是不如人，只要我們在前行的路上就行。勇於不如人，才能知恥而後勇；勇於不如人，才能獲得他人的尊重。

國外有兩家大型的計程車公司競爭非常激烈。為了制勝，這兩家公司的戰火燃燒到了各個角落，甚至連廣告上雙方也痛下本錢。其中，一家計程車公司在廣告上言必稱自己是「第一大計程車公司」。另一家公司的廣告則是這樣寫的：「我們位居第二，所以我們更加需要努力！」也許有人會有疑問：每一家企業的廣告都聲稱自己的產品或品質如何優秀，淨揀好的說，為什麼這家公司要「秀」自己不如人的地方？其實，這正是他們的高超之處，他們勇於承認自己的不足，正好表明了自己的真誠與勇氣，很能夠打動消費者的心。即便有十分的成績，也只以八分的態度對待人，不自誇，不自餒，世間自有公道所在，還怕別人心裡不清楚？當然，從廣告傳播學的角度來說，這個標新立異的廣告也頗值得玩味，在這裡限於篇幅與主題的限制，不再展開論述。

一位事業有成的中年學者說自己常常覺得在很多地方不如人：在家中大小事上，不如勤勞手巧的妻子；在學習與掌握新知識上，不及很多年輕人的迅速靈敏；碰到複雜事物，又缺乏年長者的精明練達、長袖善舞；最糟的是在處理人際關係上，甚至不如一個十多歲的孩子……

這位中年學者說這些話的時候，表情很平靜。其實，從另一種角度來說，勇於承認自己不如人那可是一種睿智的自信。只有勇於不如人，才能勝於人。

處世箴言

只有勇於不如人，才能勝於人。勇於不如人是一種睿智的自信。

只要知道揚長避短就行了

微風能夠隨意地吹散烏雲，小鳥可以輕盈在藍天的舞臺上跳舞。微風做到的，我不能做到；小鳥可以做到的，我也不能做到。陳奎儒和我下圍棋，估計他贏的機率很小；黑嘉嘉和我比賽一百一十公尺跨欄，可能遠遠落後於我。但這些都無妨於他們在各自的舞臺上發散奪目的光輝。每一個人都有自己的優勢，各顯其能才會將壞事變好，好事更好。

人立之於世，各有優劣，有優點不要自傲，有缺點不要自卑。八分飽的人生哲學提倡人們不必花費太多力氣去在自己的缺點上與人或與己一較高下，只要學會揚長避短就行了。

美國希爾頓國際飯店集團創立者、聞名遐邇的企業家康拉德．希爾頓（Conrad Nicholson Hilton），喜歡給別人講述這麼一個故事：

一個窮困潦倒的希臘年輕人，到雅典一家銀行去應徵一份保安的工作，由於他除了自己名字之外什麼都不會寫，便無法應徵上保安的工作。失望之餘，他借錢渡海去了美國。許多年後，一位希臘大企業家在華爾街的豪華辦公室舉行記者招待會。會上，一位記者提出要他寫一本回憶錄，這位企業家回答：「這不可能，因為我根本不會寫字。」所有在場的記者都甚為吃驚，這位企業家接著說：「萬事有得必有失，如果我會寫字，那麼我今天仍然只是一個保安而已。」

清朝人顧嗣協曾作《雜詩》一首，形象而又生動地闡述了「長」與「短」的關係，我們引用如下：

駿馬能歷險，犁田不如牛；
堅車能載重，渡河不如舟。
舍才以避短，資高難為謀；
生材貴適用，勿復多苛求。

上面的詩用詞淺白，卻頗值得回味。古人云：人無完人，金無足赤。又云：尺有所短，寸有所長。每個人都有優點，每個人都有缺點呢？同樣是有著優點和缺點的人，為什麼有的人成功了，有的人卻失敗了？其實，不一定是他們不行，很可能是由於他們沒有找到施展自己優點的舞臺。

在強者林立的動物界，慢條斯理的河馬幾乎不懼怕任何強悍的動物。就連陸地上的百獸之王獅子以及水中兇殘之霸鱷魚都要讓河馬三分。原因何在？因為軀體笨拙的河馬頭腦卻很聰明：牠善於把陸地上的入侵者引至水邊，然後拖進水裡淹死；牠又善於把水中的騷擾者拖到岸上，用腳將其踩死。牠充分利用自己的優點，去攻擊對方的缺點，焉有不勝之理？

一個人要想做到揚長避短，面臨的第一個困難是如何客觀地評估自己的優勢（長）與劣勢（短）。事實上，能做到實事求是地看待自己的優點和缺點是很困難的。有時甚至將優點視為缺點，將缺點視為優點，也是在所難免的事。

筆者在這裡提供五個簡單易行的辦法，供讀者在尋找自己的優點時參考：第一，經常在某一方面受到他人的誇獎，說明你在這方面比別人優秀——當然那得是真誠的稱讚而不是別人因為客套或諂媚而作出的虛假奉承；第二，在某一事件上對別人的做法不屑一顧，常常會想如果是我就會怎麼怎麼樣做——如果確定你不是無腦式的狂妄，則你在這方面因為能有自己的獨立見解，因而可能存在一定優勢；第三，對某件事情樂此不疲，興趣不減，不管時間是否充裕等客觀條件，總是喜歡去做，而且較少存在挫折感——說明你對它有極大的興趣，興趣與優點在很多時候能夠契合，因為一個人在興趣上才會捨得花時間鑽研；第四，做起來遊刃有餘——因為「善於」，所以才會「有餘」；第五，請親戚朋友幫自己鑑別——認識自己多少有些主觀成分，認識別人會客觀一點。當然，這五個方法並非絕對可靠，在八分飽的人生哲學裡，本來就不存在「絕對」二字。如果你能將這五個方法綜合運用來評估自己，那麼離客觀的答案就會更加接近一些。

處世箴言

駿馬能歷險，犁田不如牛；堅車能載重，渡河不如舟。舍才以避短，資高難為謀；生材貴適用，勿復多苛求。

完美是戕害我們心靈的毒物

完美只是一種理想，人非聖賢，誰能有十全十美的完美之身。很多時候追求完美只能是得不償失，只有坦然面對並接受自己的缺點，專心經營自己的優點才能獲得成功。

美國著名的歌唱家凱斯．黛莉有一副美麗的歌喉，但美中不足的是她卻長著一口非常顯眼的暴牙，這使她在成名之前非常自卑。後來，在一次全國歌唱比賽中，她聽從一位好心評審的勸告，比賽時不再考慮牙齒的問題，而是全身心地投入演出。結果，這次比賽她憑自己的實力征服了聽眾和評審，終於脫穎而出。凱斯．黛莉從此走上了歌壇。

夢中的情人也許會很完美，現實中的愛人卻多少有些缺陷或者缺點；廣告中的商品也許會很完美，真正用起來卻往往不盡如人意。完美只存在於虛幻當中，而不完美卻是實實在在的真實。追求完美是一種十分飽的心態，在這種心態下的人會因為追求完美而勞累，會因為追求不到完美而傷心。

深味八分飽人生哲學的人，他們在追求美好事物的同時，也能容忍美好事物中的那兩分不足。西施的耳朵比較小，王昭君的腳背肥厚了些，貂蟬身上有點怪味，楊玉環略胖了些，趙飛燕又瘦了點……俄國哲學家、作家車爾尼雪夫斯基（Nikolay Chernyshevsky）有一句名言：「既然太陽上都有黑子，人世間的事情就更不可能沒有缺陷。」

我們生活的這個世界從來就沒有完美過，暴風雪、洪水、戰爭、瘟疫、酷暑、嚴冬……在不完美的世界追求完美，是對世界的不認可不寬容，是對他人的不認可不寬容，同時也是對自己的不認可不寬容。這樣的人最終成為孤獨的人，只能生活在孤寂和焦慮之中。生活的目的就在於發現美、創造美、享受美，而不該盯著那些所謂的不完美、不理想的事物苦苦折磨自己。

事事追求完美其實是一件痛苦的事，它就像是毒害我們心靈的毒藥。因為這個世界本來就不是完美的，過去不是、現在不是、將來也不是，它本來就是以「缺陷」的形式呈現給我們的。實際上，是否完美全是人為定的標準，是自己為自然設定的一個評判標尺，每個人心目中都有一個標準。如果我們事事都去追求完美，那無疑是自討苦吃。所以有哲人說：「完美本是毒。」

從前，一位老和尚想從兩個弟子中選一個做衣鉢傳人。

一天，老和尚對兩個徒弟說：「你們出去替我揀選一片最完美的葉子。」兩個弟子遵命而去。不久，大徒弟回來了，遞給師傅一片樹葉說：「這片樹葉雖然並不完美，但它是我看到的最完整的葉子。」二徒弟在外面轉了半天，最終卻空手而歸，他對師傅說：「我看到了很多很多的樹葉，但總也挑不出一片最完美的……」老和尚就這樣把衣鉢傳給了大徒弟。

「揀一片最完美的樹葉」，人們的初衷總是最美好的，但如果不切實際地一味找下去，一心只想十全十美，最終往往是兩手空空。直到有一天，我們才會明白：為了尋找一片最完美的樹葉，而失去了許多機會是多麼的得不償失。

世間許多悲劇，正是因為有人熱衷於追求虛無縹渺的完美，而忘卻了任何一種正常的選擇都可以走向完美。完美不是一種既定的現象，而是日臻完善的執著追求過程。

揀一片最美的樹葉，需要擁有一份理智，一份思索，一份對自身實力的審視和掌握。

但我們提倡超越缺憾，並且在缺憾的人生中追求完美。缺憾可以當作我們追求的某種動力，如果我們能這樣看，就不會為種種所謂的人生缺憾而耿耿於懷了！

有了缺憾就會產生追求的目標；有了目標，就如同候鳥有了目的地，即使總在飛翔，累得上氣不接下氣，有期望的目標總是能激勵人堅持下去。

如果事事追求完美，都要拚命做好，這會使我們自己陷入困境。不要讓盡善盡美主義妨礙我們參加愉快的活動。我們可以試著將「一定做好」改成「努力去做」。

德國哲學家叔本華說過一句名言：「人們很少去想已經有了的東西，但卻念念不忘得不到的東西。」這句話真是發人深省。念念不忘得不到的東西，似乎是在追求幸福人生，其實卻是在追求不幸人生。追求幸福的最大障礙，有時正是期望過於完美的幸福。

對人對物，有八分如意即可。認可人生的不完美，也是一種明智的客觀態度。

處世箴言

甘瓜苦蒂，物不全美。金無足赤，人無完人。

第四章　人生需要適當的認命

哲學家叔本華提醒世人說：「適當的認命，是人生旅程中最重要的準備。」這句話可以作為八分飽人生哲學的一個最佳注腳。八分飽人生哲學提倡人的奮進與不屈精神，但絕不鼓勵人盲目地與天鬥與地鬥。

不要盲目地與天鬥與地鬥

哲學家叔本華提醒世人說：「適當的認命，是人生旅程中最重要的準備。」這句話可以作為八分飽人生哲學的一個最佳注腳。八分飽人生哲學提倡人的奮進與不屈精神，但絕不鼓勵人盲目地與天鬥與地鬥。

大衛王是古代猶太以色列國王（約西元前一〇〇〇至前九六〇年在位），這個偉大的國王對美女有著深深的迷戀。一天，他從王宮的平臺上看見容貌甚美的婦人，頓時心旌搖曳。大衛王急忙打聽出她是誰之後，隨即差人將她接進宮中，和她發生了關係。這個美貌婦人叫拔示巴，是大衛王手下將領烏利亞的妻子。

和部下之妻拔示巴風流過後，拔示巴告訴大衛王自己懷上了他的孩子。大衛王便將拔示巴的丈夫烏利亞派去前線，並寫信給前線的元帥，要求他把烏利亞安排在陣勢最險惡的地方，希望借敵人的手將其剷除，使自己「合法」得到拔示巴以及拔示巴腹中的孩子。

大衛王的計謀當然是得逞了。烏利亞戰死在前線，而大衛王則如願以償地將拔示巴迎娶進宮，成為他眾多女人當中最為寵幸的人。然而大衛王借刀殺人、霸占人妻的陰險行為激怒了天神，天神耶和華讓他和拔示巴產下的孩子得了重病。

大衛王為這孩子的病懇求神的寬恕。他開始禁食，把自己關在內室裡，白天黑夜都躺在地上。他家中的老臣來到他的身旁，要把他從地上扶起來，他卻怎麼也不肯起來，也不與他們吃飯。

大衛王希望用這種方法，求得天神的原諒，降福於他的孩子。

然而，在大衛王的「苦肉計」進行到第七天時，患病的孩子還是死去了。大衛王的臣僕都不敢告訴他孩子的死訊。他們想：孩子還活著的時候，我們勸他，他都不肯聽我們的話，如果現在告訴他孩子死了，他怎麼能不更加傷心呢？

大衛王見臣僕們彼此低聲說話、神色戚戚的樣子，就知道孩子死了。於是他問臣僕們說：「孩子死了嗎？」

臣僕們不敢撒謊，只得如實回答：「死了。」

大衛王聽了孩子的死訊，就從地上起來，沐浴後抹上香膏，又換了衣服，走進耶和華的宮殿敬拜完畢，然後回宮，吩咐人擺上飯菜，大口大口吃了起來。

臣僕們疑惑地問：「大衛王啊！你這樣做是什麼意思呢？孩子活著的時候，你不吃不喝，哭泣不止，現在孩子死了，你倒反而起來又吃又喝。」

大衛王說：「孩子還活著的時候，我不吃不喝，哭泣不已，是因為我想到也許天神耶和華會憐恤我，說不定還有希望不讓我的孩子死去；如今孩子都死了，怎麼也無法復活了，我又何必繼續用禁食、哭泣來折磨自己呢？我怎麼做都不能使死去的孩子回來了！」

這個故事只是傳說，但這其中傳遞了深刻的哲理：接受你所不能改變的。如果你努力過了、奮鬥過了、爭取過了，即使失敗，我們也沒有必要感到遺憾與悲傷，因為一切都已經無法改變，一切努力與悲傷都於事無補。有時候，我們就需要認命。

談到認命，「命運」是一個無法迴避的話題。有些人一聽到「命運」，不是迷信到底，就是嗤之以鼻。其實，「命運」並不神祕，也不深奧，它是由「命」與「運」組成。其中，「命」是死的，是過去式，例如你生在何家，例如你被炒了魷魚，這些情況都是在發生後你才知道的，是不可更改的事實。而「運」是一個建立在將來時基礎上的現在時，你夢想成為富豪，你夢想擁有一份好的工作，你為這些夢想而運作、而運行、而運籌，你透過努力就有可能實現它們，這個過程稱之為「運」。「命」是死的，「運」是活的。有一個窮爸爸的「命」是無法改變的，但我們可以透過「運」來讓自己成為富爸爸；被炒的「命」已經無法改變，但我們可以透過「運」來讓自己重新獲得一份更好的工作或乾脆當個不被老闆開除的老闆。

其實我們前面所說的「接受你所不能改變的」這句話後面，還有一句叫：「改變你所不能接受的。」這不是什麼文字遊戲，而是兩句非常具有哲理的睿智之語。在我們所不能接受的事物當中，有百分之二十是無法改變的，因此我們只能選擇接受，只能去改變我們所不能接受的事物當中的百分之八十。對百分之二十的坦然接受，就是叔本華所謂的「適當的認命」。

處世箴言

適當的認命，是人生旅程中最重要的準備。

適可而止，見好便收

在我的老家流傳了一個有趣的故事。一個窮得天天喝稀飯的窮人，到煙火冷清的廟裡拜菩薩。他看見廟裡的窮和尚在敲著竹筒做的鐘，就向菩薩許願：如果菩薩保佑他三年裡賺了一千兩銀子，他就為寺廟鑄一口千斤鐵鐘。

三年後，這個窮人果然賺了白銀千兩，他沒有忘記自己當初許下的願，急忙鑄了一口鐘，送至寺廟，使寺廟得以不再敲竹筒代鐘。

變成了小財主的窮人，在實現了自己的願望後，又跪在菩薩面前，再次許願：他希望自己在三年裡賺一萬兩銀子。這次，他對菩薩的回報是：願望實現後，給廟裡捐一口千斤重的銅鐘。

菩薩聽了，訓斥小財主說：有了一千想一萬，不記得當年吃稀飯！

小財主聽了，回覆菩薩道：有了鐵鐘想銅鐘，不記得當年敲竹筒！

在年少時聽到這個故事，是當笑話來理解的，覺得那個成了小財主的窮人，雖說貪心不足，但敏捷機智的栽贓工夫的確一流。稍大一點，覺得那個小財主的話也有幾分道理，儘管菩薩沒有貪心銅鐘，但他畢竟貪心過鐵鐘；因此菩薩訓斥貪心一萬兩的小財主，不過是五十步笑百步而已。再大一些，知道了菩薩是集美德於一身的神靈，而一個利用自己的法力來幫助他人以滿足自己的私欲的神靈，根本不配稱為菩薩。

當我自己在社會上歷練多年，再次想起這個故事時，我又有了一番新的認知，覺得故事中的菩薩絕對是大智慧的化身。佛祖是人，菩薩也是人，不是神，也不是仙。他們只是一些睿智的人，而一般的凡夫俗子才是些糊塗的人。既然是人，菩薩當然也有自己的欲望，不是說「佛爭一炷香」嗎？但是，我們切不可因為菩薩有欲望就否定他的偉大；因為，菩薩在欲望面前是清醒的，是有節制的。

故事中的菩薩，其實是在用行動來告訴世人，有追求並非壞事，但卻要適可知止，見好馬上收——這其實也是我們所倡導的八分飽人生哲學的精髓。

處世箴言

凡情留不盡之意，則味深；凡興留不盡之意，則趣多。

上帝也只有八分飽

有個可憐的人死後進入天堂，上帝召見了他。這個人對著上帝哭訴了自己在人間的種種苦難，仁慈憐憫的上帝決定在這個人下一次投胎時，讓他過上美好的生活。於是上帝問他：「告訴我你下次投胎的願望，我將盡量滿足你。」

他回答：「我希望我很有錢，很有才華，長得英俊瀟灑，能獲得最高的學位，當上高官，成為有名望的人，別墅名車不能少，當然還要有一個美麗賢惠的嬌妻和一對聰明伶俐的兒女……」

他的話還沒有說完，就被上帝打斷了。上帝正色地說：「老兄，世界上如果有這等美好的事情，我還不如把我的位子讓給你，由你安排我投胎去那裡算了！」——看來上帝過的也不是那麼如意的生活，他更無法給人一個事事如意的人生。

有很多時候，我們根本就不知道滿足。對於前半生，我們會埋怨父母沒有把我們生養在富貴之家，對於後半生，總是抱怨子孫們不能個個如龍似鳳，對於我們所有的這些不滿足，其實還是來自於我們自身。

俄國大文豪列夫．托爾斯泰說過：「俄羅斯人對於自己的財產從不滿足，而對於自己的智慧卻相當自信。」從這裡就說明了知足有其自身的雙重性。人們對於物欲的追求總會優於對精神的追求。一個人在精神上被知足後往往無法在物質上得以滿足，這與人類的第一需求必須是溫飽有關。

知足與不知足實際上是一個量化的過程。我們不可能把知足一直停留在某一個水平線上，也不可能把不知足固定在某一個需求上。不同的年代，不同的環境，不同的階層，不同的年齡，不同的生活經歷，知足與不知足的欲求總會相互轉化。窮苦的青年人還是要不知足的好，唯有這樣，生活才會改觀；一夜暴富的暴發戶，對於知識的追求多一些也許可以提升生活品質。但知足的農夫從不會強迫自己當總統，安分守己的偏鄉教師會把按時領取薪水當作最大的慰藉。

知足使人感到平靜、安詳、達觀、超脫；不知足使人騷動、搏擊、進取、奮鬥；知足智在知不可行而不行，不知足慧在可行而必行之。若知不行而勉為其難，勢必勞而無功；若知可行而不行，這就是墮落和懈怠。這兩者之間實際上是有一個「尺規」的問題。尺規就是分寸，是智慧，更是水準，只有在適合溫度的條件下，樹木才能夠發芽，而不至於把鋼材煉成生鐵。〈漁夫和金魚〉中的那個老婆婆就是不懂得知足的最大失敗者，她錯就錯在沒有掌握好知足這個分寸。

在知足與不知足兩者之間，我們更多地傾向於知足。因為它會使我們心地坦然。無所取，無所需，同時還不會有太多的負擔。在知足的心態下，一切都會變得合理、正常且坦然，在這新的境遇之下，我們還會有什麼不切實際的欲望與要求呢？

學會知足，我們才能用超然的心態去面對眼前的一切，不以物喜，不以己悲，不做世間功利的奴隸，也不為凡塵中各種攪擾、牽累、煩惱所左右，使自己的人生不斷得以昇華；學會知足，我們才能在當今社會愈演愈烈的物欲和令人眼花撩亂、目迷神惑的世相百態面前神凝氣靜，才能夠做到堅守自己的精神家園，執著地追求自己的人生目標；學會知足，就能夠使我們的生活多一些光彩，多一份感覺，不必為過去的得失而感到後悔，也不會為現在的失意而徒生煩惱。一個人若能達到此境界，將會從此擺脫虛榮，寵辱不驚，心境達到看山心靜、看湖心寬、看樹心樸、看星心明……

知足是極高的境界。知足的人總能夠做到微笑地面對眼前的一切。在知足的人眼裡，世界上沒有解決不了的問題，沒有渡不過去的河，沒有跨不過去的坎，他們會為自己尋找一條適合的道路，而絕不會庸人自擾。知足的人，才是快樂輕鬆的人。

知足是大度。大「勝」能容下天下紛繁之事。在知足者的眼裡，一切過分的紛爭和索取都顯得多餘，在他們的天平上，沒有比知足更容易求得心裡平衡了。

知足是對他人的寬容，對社會的寬容，對自己的寬容。只有做到如此才能夠得到相對寬鬆的生存環境，這實在是一件值得慶賀的事情。知足者常樂，說的就是如此。

知足最可貴的地方是能夠戰勝自我，善待他人，善待自己。唯有知足者才能夠正視現實、善於打拚、善於總結教訓、善於學習他人、謙虛謹慎、不卑不亢，不會在社會的座標上找不到自己的位置。他們懂得自己人生中的真正價值，從而使自己的人生充滿熱情，希望常在。

知足者常樂。但願每個人都能夠戰勝自我，少一些固執，多一些靈活，少些抱怨，多些真情，讓生活充滿溫馨的陽光。

處世箴言

記住該記住的，忘記該忘記的，改變能改變的，接受不能改變的。

人生需要用減法

初學議論文寫作時，喜歡將每一篇文章都寫成長篇大論，甲乙丙丁、一二三四，論點一個又一個，論據一條又一條。尤其是跟別人打筆仗時，更是洋洋灑灑，大有將對方的每一段每一句都予以駁倒的架勢。我自以為很高明，老師卻一再告誡我：「削減！削減！」

老師說：「你要說明什麼，就一事一議；你要駁倒誰，就攻其要害。」這個道理其實一說就明，但很多人寫作時卻難以做到。胸中有萬言，通通付筆端，結果文字偏離主題，中心概念交織不清，該說的沒說透，不該說的說得過多，整個白費力氣。

不單寫作如此，做任何事情都要學會減法。那些有經驗的花匠總是把許多快要綻開的花苞剪掉，儘管這些花苞同樣可以開出美麗的花朵，但花匠們知道，只有剪去大部分花苞後，才可以使所有的養分都集中在其餘的少數花苞上。等到這少數花苞綻開時，就可以成為那種罕見、珍貴、碩大無比的奇葩。

經營人生就像培植花木一樣，我們與其把所有的精力消耗在許多毫無意義的事情上，還不如看準一項適合自己的重要事業，集中所有精力，埋頭苦幹，全力以赴，這樣才有可能取得傑出的成績。

如果我們想成為一個眾人嘆服的領導者，成為一個才識過人、卓越優秀的人物，就一定要排除大腦中許多雜亂無緒的念頭。如果我們想在某個重要的方面取得偉大的成就，那麼就要大膽地舉起剪刀，把所有微不足道的、平凡無奇的、毫無把握的願望完全「剪去」，即便是那些看似已有實現可能的願望，也要服從於自己的主要發展方向，必須忍痛「剪掉」。

世界上無數的失敗者之所以沒有成功，主要不是因為他們的才能不夠，而是因為他們不能集中精力、不能全力以赴地去做適合自己的工作，他們使自己的大好精力消耗在無數瑣事之中，而他們自己竟然還未覺悟到這一問題。如果他們把心中的那些雜念一一剪掉，使生命力中的所有養料都集中到一個方面，那麼他們將來一定會驚訝——自己的事業竟然能夠結出那麼美麗豐碩的果實！擁有一項專門的技能要比有十種心思來得有價值，有專門技能的人隨時隨地都在這方面下苦功求進步，時時刻刻都在設法彌補自己此方面的缺陷和弱點，總是要把事情做得盡善盡美。而有十種心思的人不一樣，他可能會忙不過來，既要顧及這一點又要顧及那一個，由於精力和心思分散，事事只能做到「尚可」，結果當然是不可能取得優異成績。

現代社會中的競爭日趨激烈，所以我們必須專心一致，對自己的目標全力以赴，這樣才能做到得心應手，取得出色的業績。

在網路上的競爭中，小李一開始只是沒沒無聞的角色。他之所以脫穎而出，沒有像大多數人一樣從淘金到「逃荒」，一個至關重要的原因就是——專注。「我們是一個更專業，更專注的公司，我們只做一件好事情——搜尋引擎，而且我們做得非常極端，這是很大的一個市場，你看世界上其他公司，沒有任何一家像我們做得這麼專注。」小李的話的確值得我們深思。專注，正是無與倫比的專業與專注，才成就了公司今天的耀眼光環。

這是一個比拚深度的時代。唯有專業，才有深度；而專業來自於對事物的專注。每個人的精力是有限的，只有把有限的精力全部集中到一件事情上，才能把這件事情做好。

處世箴言

聰明的人珍惜擁有的一切，愚蠢的人認為得不到的東西最美。

制定與追求人生目標的八分飽

很多人一談到人生目標，就豪氣沖天：我一定要當一個偉大的作家！或者：我一定要如何如何……胸懷大志，當然是一件好事，為目標而執著追求，也是一樣值得肯定的優秀品格。

童話大王小潔一度立下目標成為一個小說家，但他在經過數年的努力後，發現寫小說並不是自己的強項，寫童話才是他的強項。於是調整了寫作方向，終於在童話寫作上成就了一番事業。假設他對自己當初的小說家目標念念不忘，他會成為「小說大王」嗎？我想就是他本人也不敢也不會作肯定的回答。

由小潔的成功之路還可以引申出一個話題，那就是成功需要「了解自己」。一個人只有了解自己的強項和弱項，讓目標和強項一致，目標的實現才有最大的可能。用小潔自己的話說就是：「找到自己的舒適圈。每個人都有自己的舒適圈，這是上帝賦予每個人的特殊能力，是任何人代替不了的。」

了解自己↓找到了自己的舒適圈↓制定目標↓成功——這個成功路徑的道理並不深奧。但真正要做到了解自己、找出自己的舒適圈卻很困難。一個人所表現出來的「最佳」其實只是冰山一角，而不可知的潛能就像水面下的冰山。很多陰差陽錯而導致的成功，其實就是無意中觸發了潛能中的「更佳」。「最佳」只是一個現在時，還有「更佳」潛藏在你的能力之內。或許在某一天，一個意外的機會，你會發現「更佳」。因此，你為自己制定一個不要過高，只有八分的目標，用十分的努力去追求才是最適宜的。至於剩下的兩分目標，你要用在其他嘗試上。就像立下小說家目標的小潔一樣，他在用十分努力寫小說的同時，在童話寫作上也進行了嘗試，結果他發現寫童話對於自己「更佳」。

可以想像，現在功成名就的小潔，或許會在某一天發現自己有著比寫童話更佳的才能，或許會在某個領域做出比「童話大王」還有更大的事業。因為我們看到，他在進行童話寫作的同時，一直留有兩分的精力嘗試做其他的事情。

世界變化很快，人的潛能無限，目標為什麼要一成不變？張藝謀在成名前在工廠當工人，因為輪班制總是上大夜很辛苦，他按照自己會攝影及文筆流暢的技能，為自己立下成為工廠宣傳部門的目標。八分的宣傳部門的目標一直沒有實現，他又想透過考大學來提升自己。結果考體育大學沒考上，又考美術學院，還是沒考上，就陰差陽錯上了電影學院。正是這個偶然選擇的八分飽的目標，改變了他的命運。在電影的舞臺上，他終於發現自己的「最佳」位置。

班超投筆從戎，魯迅棄醫從文，都是改換門庭後大放異彩的例子。當然，單純地用例證的方式來證明成功應該如何如何，其說服力其實是很有限的。為自己立下目標便心無旁騖地執著追求，最終實現目標的例子肯定是有的，但為數不多。八分飽的人生哲學從不會認為自己所提倡的就是絕對的真理，這是八分飽人生哲學的世界觀。八分飽的人生哲學只是在努力地靠近真相，並希望能窺探到其中的真相。總之，把人生的目標訂成「八分飽」，就是不要將它鎖在「十分」的位置一成不變，「東方不亮西方亮，黑了北方有南方」，人生道路從來都是「條條大路通羅馬」，何必一棵樹上吊死。

處世箴言

不貪權，敝戶無險；不貪杯，心靜身安。

該放手時要捨得放手

在印度熱帶叢林裡，人們用一種奇特的狩獵方式捕捉猴子：在一個固定的小木盒子裡面裝上猴子愛吃的堅果，盒上開個小口，剛好夠猴子的前爪伸進去。猴子總是喜歡滿滿地抓住一把堅果，這樣爪子就抽不出來了。人們常常用這種方式很容易就捉到猴子，因為猴子有一種習性：不肯放下已經到手的東西。

作為人類，我們一定會嘲笑猴子很蠢！鬆開爪子不就溜之大吉了嗎？但回過頭來想想我們自己，看看自己身邊的一些人，也許你就會發現：其實，人類也會犯猴子的錯誤。

因為放不下到手的名利、職務、待遇，有的人整天東奔西跑，荒廢了工作也在所不惜；因為放不下誘人的錢財，有的人成天費盡心機，利用各種機會想撈一把，結果卻是作繭自縛；因為放不下對權力的占有欲，有的人熱衷於逢迎諂媚、行賄受賄，不怕丟掉人格的尊嚴，一旦事件敗露，後悔莫及……

生命如舟，載不動太多的物欲和虛榮。要想使之在抵達理想的彼岸前不在中途擱淺或沉沒，就只能輕載，只取需要的東西，把那些可放下的東西果斷地扔掉。

假如你的腦袋像一個塞滿食物的冰箱，你應當盤算什麼東西應該丟出去，否則，永遠不可能有新的東西放進來。不丟出去，有些東西反而還會在裡面慢慢變壞；有些東西，丟了可惜，但放一輩子，也吃不了。所謂的「人生觀」，大概就是如何為自己的「冰箱」決定內容物的去留問題吧！

在生活中，每個人都應該學會盤算，學會有所放棄。盤算之際，肯定有掙扎有猶豫。沒有人能夠為你決定什麼該舍，什麼該留。所謂的豁達，也不過是明白自己能正確地處理去留和取捨的問題。丟掉一個並不會對你產生多大影響的東西，你會對自己說，我可以做得比現在更好，還怕找不到更好的？

在工作與生活中，我們每個人時刻都在取與舍中選擇，我們又總是渴望著取，渴望著占有，常常忽略了舍，忽略了占有的反面∴放棄。

其實，懂得了放棄的真意，也就理解了「失之東隅，收之桑榆」的妙諦。多一點中庸的思想，靜觀萬物，體會像宇宙一樣博大的胸襟，我們自然會懂得適時地有所放棄，這正是我們獲得內心平衡，獲得快樂的祕方。

在電影《臥虎藏龍》裡李慕白對師妹曾說過一句話：「把手握緊，什麼都沒有，但把手張開就可以擁有一切。」這一取捨的道理誰都知道，可身體力行時卻是相當困難的。

其實，會得到什麼、失去什麼，我們心裡都很清楚，只是覺得每樣東西都有它的好處，權衡利弊，哪樣都捨不得放手。現實生活中並沒有在相同情形下勢均力敵的東西，它們總會有差別。因此，應該選擇那個對長遠利益更重要的東西。有些東西，你以為這次放棄了，就不再會出現，可當你真的放棄了，便會發現它在日後仍然不斷出現，和當初它來到你身邊時沒有任何不同。所以那些你在不經意間失去的並不重要的東西，完全可以再重新爭取回來。

佛家總是喜歡說「捨得」。是的，有「捨」才有「得」。一隻壁虎遇上了危險，會毅然捨去尾巴以換取生命。既然連壁虎都懂得「捨得」，人又為什麼那麼執著，那麼放不下、捨不得呢？

處世箴言

把手握緊，什麼都沒有，但把手張開就可以擁有一切。

中篇

索取不可過飽，付出不可太多。《菜根譚》中有云：「憂勤是美德，太苦則無以適性怡情。」大意是說，盡心盡力去做事是種美德，但過於辛苦的盲目投入，就會失去愉快的心情和爽朗的精神。人若失去了愉快的心情與爽朗的精神。成天怨聲載道，人生的樂趣又何在？何況，付出太多，不日即有強弩之末虞，成功又從何來？

第五章　忍讓兩分的人不是懦夫

匹夫見辱，拔劍而起，挺身而鬥，此不足為勇也。天下有大勇者，卒然臨之而不驚，無故加之而不怒。高祖之所以勝，而項籍之所以敗，在能忍與不能忍之間而已矣。

忍一時之氣，免百日之憂。得忍且忍，得戒且戒；小忍不戒，小事成大。一切諸煩惱，皆從不忍生。

忍一時風平浪靜

明代作家馮夢龍在《智囊》一書中記有這樣兩則故事。一則說的是在江陰大戶夏翁，在一次乘船過市橋時，有人站在橋上往船裡倒糞汁，糞汁濺到了夏翁的衣服上。這個人與夏家是舊相識。夏翁的僕人見狀大怒，欲替主人出頭，要跳下船上岸去揍倒糞汁的人。夏翁非常冷靜地制止了手下的衝動。回到家中，夏翁有心翻閱帳本，查出這個人原來欠了三十兩金還沒有歸還。夏翁心想，莫非這人是在藉機尋釁，圖謀不軌？於是夏翁當即為這個人減免了債務。另一則故事說的是長州大戶尤翁，他開了三個當鋪。年底某一天，忽聽門外一片喧鬧聲，出門一看，是位鄰居。站櫃臺的店員上前對尤翁說：「他將衣服壓了錢，今天空手來取，我不給他，他就破口大罵，有這樣不講理的嗎？」那人仍氣勢洶洶，不肯相讓。尤翁從容地對鄰居說：「我明白你的意圖，不過是為了度年關。這點小事，值得一爭嗎？」於是命店員找出典物，共有衣物蚊帳四五件。尤翁指著棉襖說：「這件衣服禦寒不能少。」又指著棉袍說：「這件給你拜年用，其他東西現在不急用，可以留在這。」那人拿到兩件衣服，無話可說，立刻離去。當天夜裡，他竟死在別人家裡。他的親屬同那家人打了一年多的官司。原來此人負債甚多，已經服下毒藥，知道尤家富貴，想敲筆錢，結果沒能找到一個由頭，就火速趕到另外一家，和對方大吵後死在那裡。有人問尤翁，為什麼他能預先知情而容忍他，尤翁回答說：「凡無理來挑釁的人，一定有所依仗。如果在小事上不忍耐，那麼災禍就會來了。」人們聽了這話，都佩服尤翁的見識。

以上兩則小故事，深刻地說明了「忍一時風平浪靜」的道理。夏翁如果允許僕人去與那個往船上倒糞汁的人打鬥，尤翁和那個鄰居計較，就會因小事而釀成禍殃。由於「兩翁」都採取了「忍讓」、「克制」的態度，這既保持了與舊相識、老鄰居的友好關係，避免了禍患，又表現出了自身的寬宏大度，受到了人們的敬佩。

中國古代先賢歷來就很講究「忍讓」與「克制」的美德修養。孔子說：「小不忍，則亂大謀。」荀子說：「志忍私，然後能公;行忍性情，然後能修。」可見，一個人遇事沉著、冷靜、忍讓、諒解，這不但是美好的品德，而且也是通往成功之路的重要素養。

西元前二〇三年，韓信降服了齊國，擁兵數十萬，而此時劉邦正被項羽軍緊緊圍困在滎陽。這時韓信派使前來，要求漢王劉邦封他為「假王」，以鎮撫齊國。劉邦大怒說：「我在這被圍困，日夜盼著你來幫助我，你卻想自立為王！」張良、陳平暗中踩劉邦的腳，湊近他的耳朵說：「目前漢軍處境不利，怎麼能禁止韓信稱王呢?不如趁機立他為王，安撫善待他，讓他鎮守齊國。不然可能發生變亂。」漢王劉邦猛然醒悟，又故意罵道：「大丈夫平定了諸侯，就該做個真王，何必做個假王呢？」於是就派遣張良前去宣布立韓信為齊王，同時徵調他的軍隊攻打項羽軍。劉邦忍住怒氣，立韓信為齊王，徵調韓信的部隊的作法，很快就扭轉了漢軍的不利地位，同時也安撫住了擁兵數十萬的韓信。假如他不肯忍，把韓信大罵一通，不封韓信為齊王，這樣不但可能失掉韓信，而且可能給自己帶來禍殃。

可見，遇小事需要忍，遇大事也需要忍。那種遇事少謀，猝然而行，稍有不順就乖扈動怒的人，難免會讓禍患殃及自身。孔子曾告誡子路曰：「齒剛則折，舌柔則存，柔必勝剛，弱必勝強。好鬥必傷，好勇必亡。百行之本，忍讓為上。」唐朝著名的詩僧寒山曾問好友拾得：「今有人侮我、笑我、藐視我、毀我傷我、嫌惡恨我、詭譎欺我，則奈何？」拾得回答說：「但忍受之，依他、讓他、敬他、避他、苦苦耐他、不要理他。且過幾年，你再看他。」

在古希臘神話中，有一個叫海格力斯的大力士。一天，海格力斯在山路上發現腳邊有個袋子似的東西很擋路，海格力斯踩了那東西一腳，誰知那東西不但沒被踩破，反而膨脹了起來，加倍地擴大著。海格力斯惱羞成怒，抓起一根碗口粗的木棒砸它，那東西竟然長大到把路給堵死了。正在這時，山中走出一位聖人，對海格力斯說：「朋友，快別動它，忘了它，離開它遠去吧！它叫仇恨袋，你不犯它，它便小如當初，你侵犯它，它就會膨脹起來，擋住你的路，與你敵對到底。」

其實，生活中我們也經常步入海格力斯式的陷阱。遇到矛盾時，不少人不願意吃虧，步步緊逼，據理力爭，死要面子，認為忍讓就是沒有面子，就是失了尊嚴，最終只能使得矛盾不斷升級、放大。其實忍讓並不是不要尊嚴，而是成熟、冷靜、理智，心胸豁達的表現，一時退讓可以換來別人的感激和尊重，避免矛盾的加深，豈不更好。社會就像一張網，錯綜複雜，我們難免與別人有誤會或摩擦，善待恩怨，學會尊重你不喜歡的人，在自己的仇恨袋裡裝滿寬容，那樣才會少一份怨恨，多一份快樂，才會贏得更多的尊重。

處世箴言

寧讓人，勿使人讓我；寧容人，勿使人容我；寧虧己，勿使我虧人。此君子之為也。

小不忍則亂大謀

日本前首相竹下登，在他的整個政治生涯中，無時無刻不得益於他的忍耐精神。竹下登在談到他的經驗時說，「忍耐和沉默」是他在協助老師佐藤榮作首相時所學到的政治風度。

「忍」字訣歷來是中國眾多有志之士的必修心法。孔子曰：「百行之本，忍之為上。小不忍則亂大謀。」也就是說想成大業、就大事，就得忍住那些小欲望，或一時一事的干擾，說白了，就是「放長線釣大魚」。實際上，此言本來就有其鮮明的積極意義。對於有理想、有抱負，想為國家、為民族做一番大業的人來說，這種做法完全是對的，應該加以鼓勵。個人想要成就一番事業，也是應該「忍一時所不能」，忍一時風平浪靜，退一步海闊天空。忍能使自己進退自如。

苦心人、天不負，臥薪嘗膽，三千越甲可吞吳——這是蒲松齡所寫的自勉聯的上聯。說的是越王勾踐臥薪嘗膽、勵精圖治、東山再起的故事。另一個很有名的例子是「胯下之辱」。據《史記．淮陰侯列傳》記載，韓信年輕時「從人寄食」，也就是說他沒有固定的工作與收入，以至於吃飯都只能到別人家裡去蹭飯吃，所以「人多厭之」，即當地的人都很討厭他。想想也是，韓信作為一個血氣方剛的大男人，整天配把劍，卻什麼也做不了，到處混飯吃，難免會招來輕蔑與侮辱。

在韓信經常去混飯吃的人家中，最常去的是南昌亭長家（亭長的職位介於當今的鄉長與村長之間）。韓信因為經常去南昌亭長家裡混飯吃，亭長的老婆心裡開始不樂意了。然而要怎麼樣才能將韓信這個「無業游民」拒之門外呢？女人自然有女人的辦法，這個亭長老婆半夜爬起來做飯，天亮之前全家人就把飯一掃而光。韓信早上起床，空著肚子來亭長家吃飯，一看飯已經吃完了，當然明白了人家的意思。韓信一賭氣，就和南昌亭長絕交了。

在當地，大家都瞧不起韓信。有一天，淮陰市面上一個地痞看韓信不順眼，就挑釁韓信：「韓信你過來，你這個傢伙，個子倒是長得蠻高的，平時還帶把劍走來走去的，我看啊，你是個膽小鬼！」地痞這麼一說，呼啦啦就圍上來一大群人看熱鬧。地痞一見人氣正足，就想趁這個機會出出風頭，於是進一步挑釁：「韓信你不是有劍嗎？你不是不怕死嗎？你要不怕死，就拿你的劍來刺我啊！你敢給我一劍嗎？不敢吧？那你就從我兩腿之間爬過去。」

這下將韓信逼入兩難的境地：殺或爬！無論哪一個選擇，韓信都會很受傷。韓信是怎麼選擇的呢？司馬遷用三個字來描寫：「孰視之」，也就是盯著對方看。看了一陣子，韓信把頭一低，就從這個地痞的胯下爬過去了。惹得圍觀的眾人哄堂大笑。

正是這個人皆可辱的韓信，後來幫助劉邦成就了一番偉業，同時也成就了自己的功名。

相信司馬遷在寫到韓信遭受胯下之辱時，一定是思緒難平。因為司馬遷也同樣受過「胯下之辱」，而且，他受到的侮辱比韓信的還要沉重。他遭到宮刑——這更是一個男人難以承受的奇恥大辱，但司馬遷還是忍下來了。他堅強地活著，因為他要完成《史記》這部偉大的著作。

誰不想功成名就，誰不想轟轟烈烈成就一番驚天動地的大事業。可是這世界上能做事的人不算少，但成大業的卻不多，究其原因，方方面面，主客觀因素都有。比如要有良好的社會背景，有千載難逢的機遇，也要有智商、有文化、有修養等等。其中，「忍」也是成就大業的必備心理素養。清人金蘭生在《格言聯璧．存養》中說：「必能忍人不能忍之觸忤，斯能為人不能為之事攻。」蘇軾在《留侯論》中云：「古之所謂豪傑之士者，必有過人之節。人情有所不能忍者，匹夫見辱，拔劍而起，挺身而鬥，此不足為勇也。天下有大勇者，卒然臨之而不驚，無故加之而不怒。此其所挾持者甚大，而其志甚遠也。」又云：「觀夫高祖之所以勝，而項籍之所以敗者，在能忍與不能忍之間而已矣。」

成語「負荊請罪」的故事傳為千古美談：藺相如身為宰相，位高權重，而不與廉頗計較，處處禮讓，何以如此？為國家社稷也。「將相和」，則全國團結，國無嫌隙，則敵必不敢乘。藺相如的忍讓，正是為了國家安定之「大謀」，忍讓成大事。相反，不忍讓而「亂大謀」的事也不鮮見。楚漢相爭時，項羽吩咐大將曹咎堅守城皋，切勿出戰，只要能阻住劉邦十五日，便是有功。不想項羽走後，劉邦、張良使了個罵城計，派後儒下，指名辱罵，甚至畫了畫，汙辱曹咎。這下子，惹得曹咎怒從心起，早將項羽的囑咐忘到九霄雲外，立即帶領人馬，殺出城門。真是，衝冠將軍不知計，一怒失卻眾貔貅。漢軍早已埋伏停當，只等項軍出城入甕。霎時地動山搖，殺得曹咎全軍覆沒。

縱觀歷史，凡成就大事者莫不負重前行，忍字當頭。今人要想做一番事業，實現自己的人生理想，也必須學會忍耐。要忍得住一時的寂寞，耐得住一時之不公。具備了極大的忍耐力，方能戰勝自我，勇往直前，達到成功的彼岸。不過，還需要注意：忍耐並非指逆來順受，而是有限度的。這一點，我們在後面將作進一步的論述。

處世箴言

忍一言風平浪靜，退一步海闊天空。心有忍，其乃有濟；有容，德乃大。

退一步海闊天空

記得這是一位外國學者的話，意思是說：會生活的人，並不一味地爭強好勝，在必要的時候，寧肯後退一步，做出必要的自我犧牲。

西漢時，胡常及翟方進常常在一起研究經書。胡常先做了官，但名譽不如翟方進好，在心裡總是嫉妒翟方的才能，和別人議論時，總是不說翟方進的好話。翟方進聽說了這件事，就想出了一個應付的辦法。

胡常不時召集門生，講解經書。一到這個時候，翟方進就派自己的門生到他那裡去請教疑難問題，並一心一意、認認真真地做筆記。一來二去，時間長了，胡常明白了，這是翟方進在有意地推崇自己，為此，心中十分不安。後來，在官僚中，他也開始稱讚翟方進了。

明朝正德年間，朱宸濠起兵反抗朝廷。王陽明率兵征討，一舉擒獲朱宸濠，建了大功。當時受到正德皇帝寵信的江彬十分嫉妒王陽明的功績，以為他奪走了自己大顯身手的機會，於是，散布流言說：「最初王陽明和朱宸濠是同黨。後來聽說朝廷派兵征討，才抓住朱宸濠以自我解脫。」想嫁禍並抓住王陽明，作為自己的功勞。

在這種情況下，王陽明和張永商議道：「如果退讓一步，把擒拿朱宸濠的功勞讓出去，可以避免不必要的麻煩。假如堅持下去，不做妥協，那江彬等人就要狗急跳牆，做出傷天害理的勾當。」為此，他將朱宸濠交給張永，使之重新報告皇帝：朱宸濠捉住了，是總督軍們的功勞。這樣，江彬等人便沒有話說了。

後來，王陽明稱病休養到淨慈寺。張永回到朝廷，大力稱頌王陽明的忠誠和讓功避禍的高尚事跡。皇帝明白了事情的始末，免除了對王陽明處罰。王陽明以退讓之術，避免了飛來的橫禍。

如果說小翟以退讓之術，轉化了一個敵人，那麼王陽明則依此保護了自身。以退讓求得生存和發展，其中蘊含了深刻的哲理。

《菜根譚》中指出：「徑路窄處，留一步與人行；滋味濃的，減三分讓人嘗。此是涉世一極安樂法。」這句話旨在說明謙讓的美德。在道路狹窄之處，應該停下來讓別人先行一步。只要心中經常有這種想法，那麼人生就會快樂安詳。所謂謙讓的美德絕非一味的讓步，不要忘記精確的計算：即使終身的讓步，也不過百步而已。

凡事讓步，表面上看來是吃虧，但事實上由此獲得的必然比失去的多。這是圓熟的，以退為進的做法。為什麼要退讓呢？書中說：「人情反覆，世路崎嶇。行去不遠，須知退一步之法；行得去遠，務知三分之功」、「人情翻覆似波瀾」。今日的朋友，也許會成為明日的仇敵；而今天的對手，也可能成為明天的朋友。世事一如崎嶇道路，困難重重，因此走不過的地方不妨退一步，讓對方先過，就是寬闊的道路也要給別人三分便利。

這樣做，既是為他人著想，也能為自己留條後路。

爭先的徑路窄，退後一步，自寬平一步；濃豔的滋味短，清淡一分，自悠長一分。一條小路若大家爭先恐後就顯得越發狹窄，誰也過不去；若是讓別人先行一步，那麼自己也許會有較寬的道路可以輕鬆地通過。兩相比較之下，為什麼不選擇利於自己的做法呢？更積極的做法是：「處世讓一步為高，退步即進步的張本；待人寬一分是福，利人實利己的根基。」

看那些夫妻陌路、鄰里仇恨、親友反目的原因，大多是為一些無關緊要的小事。只因雙方都不退後一步，最終狹路相逢，雙方鬥得個頭破血流，沒有一個贏家。那各退一步，化干戈為玉帛，又何樂而不為呢？

聰明的人，並不會一味地爭強好勝，在必要的時候，寧願後退一步，避其鋒芒，有時候不僅能贏得旁觀者的尊重，更能贏得對手的尊重。你說，真正的勝利者是誰？

處世箴言

處世讓一步為高，退步即進步的張本；待人寬一分是福，利人實利己的根基。

有理也須讓幾分

不知你有沒有發現：人們看自己的過錯，往往不如看別人那樣苛刻。原因有很多方面，其中最主要的原因，可能是我們對自己所犯錯誤的來龍去脈了解得很清楚，因此對於自己的過錯也就比較容易原諒；而對於別人的過錯，因為很難了解事情的方方面面，所以比較難於找到原諒的理由。

大多數人在評判自己和他人時，都會不自覺地用了兩套標準。例如：如果我們發現了旁人說謊，我們的譴責會是何等嚴酷，可是哪一個人能說他自己從沒說過一次謊呢？也許還不止一百次呢！

或許是生活中有太多需要忍耐的不如意：被老闆罵了，被妻子怨了，被兒子氣了……這些都似乎需要無條件的忍耐。有的人忍一忍，氣就消了；有的人忍耐久了，心中的不平之氣就如堤內的洪水一樣節節攀升。對於後者來說，一旦逮得一個合理的宣洩出口，心中的怒氣極易如洪水決堤般洶湧而出，還美其名曰「理直氣壯」。

做人要學會給他人留下臺階，這也是為自己留下一條後路。每個人的智慧、經驗、價值觀、生活背景都不相同，因此在與人相處時，相互間的衝突和爭鬥難免——不管是利益上的爭鬥還是非利益上的爭鬥。

大部分人一旦陷於爭鬥的漩渦，便不由自主地焦躁起來，一方面為了面子，一方面為了利益，因此一旦自己得了「理」便不饒人，非逼得對方鳴金收兵或豎白旗投降不可。然而「得理不饒人」雖然讓你吹著勝利的號角，但這也是下次爭鬥的前奏，因為這對「戰敗」的一方而言，也是面子和利益之爭，他當然要伺機「討要」回來。

有一位哲人說過這麼一句引人深思的話：「航行中有一條公認的規則，操縱靈敏的船應該給不太靈敏的船讓道。我認為，人與人之間的衝突與碰撞也應遵循這一規則。」

最容易步入「得理不讓人」的地雷，是在能力、財力、勢力上都明顯優於對方時，也就是說，是在你完全有本事乾淨俐落地收拾對方的時候。這時，反倒更應該偃旗息鼓、適可而止。因為，以強欺弱，並不是什麼光彩的行為，即使你把對方趕盡殺絕了，在別人眼中你也不是個勝利者，而是一個無情無義之徒。

《菜根譚》中說：「鋤奸杜倖，要放他一條生路。若使之一無所容，譬如塞鼠穴者，一切去路都塞盡，則一切好物俱咬破矣。」所謂「狗急跳牆」，將對方緊迫不捨的結果，必然招致對方不顧一切的反擊，最終吃虧的還是自己，這也算是讓步的智慧吧。

處世箴言

鋤奸杜倖，要放他一條生路。若使之一無所容，譬如塞鼠穴者，一切去路都塞盡，則一切好物俱咬破矣。

趨福避禍唯吃虧

有一道腦筋急轉彎的問題是：「世界上最難吃的是什麼？」其答案似乎出人意料，卻又在情理之中——「虧」。

人難做，虧難吃。不願意吃虧應該說是人之常情，但必須吃虧卻是世間真理。人與人之間，總是存在著利益交集。在這個交集裡，利益大家都有份。若一個人處處不肯吃虧，難免會侵害別人的利益，於是便起爭執，遭怨恨。一個處處只想沾光不願吃虧的人，其處境一定是四面楚歌，這樣的人最終會是占小便宜吃更大虧。

鄭板橋說：「為人處，即是為己處。」意思是，替別人打算，就是為自己打算。這與今天所謂「我為人人，人人為我」是同樣的道理。如果大家都能有不怕吃虧，甘願吃虧的精神，那麼這個世界豈不美好得多？還會有那麼多的戰爭、殺戮、坑蒙拐騙以及種種罪惡和不道德行為嗎？這樣看來，吃虧就不僅是個人的福分，而且是人類的福分了。當然，這並不是說，人立身行事，或在一切商業、政治、外交中，都要不講原則地去吃虧。吃虧只不過是人生的一個謀略，是「小不忍則亂大謀」的方法。

在華人傳統觀念中，就有「吃虧是福」一說。這是哲人們所總結出來的人生觀——它包含了愚笨者的智慧、柔弱者的力量，領略了人生的豁達和由吃虧忍讓而帶來的安詳與寧靜。與這個貌似消極的哲學相比，那些所謂精明的處世哲學都會顯得幼稚與不夠穩重，以及不夠超脫與圓滑。

「吃虧是福」的信奉者，同時也一定是一個「和平主義」的信仰者。林語堂在《生活的藝術》中對所謂「和平主義者」這樣寫道：「和平主義的根源，就是能忍耐暫時的失敗，靜待時機，相信在萬物的體系中，在大自然動力和反動力的規律運行之上，沒有一個人能永遠占著便宜，也沒有一個人永遠做『傻子』。」

小楊是某廣告公司的文案，頭腦靈活，文筆很好，但更可貴的是他的工作態度。那時公司正在進行一場大型廣告製作，每個人都很忙，但老闆並沒有增加人手的打算。於是公司的人有時也被派到其他部門幫忙，但整個公司只有小楊接受老闆的指派，其他的人都是去一兩次就抗議了。

小楊說：「吃虧就是占便宜嘛！」

事實上誰也看不出他有什麼便宜好占，因為他有時像個雜工一樣。

兩年過後，小楊離開了那家廣告公司。

原來他是在「吃虧」的時候，反而把廣告公司的各個運作流程的工作都摸熟了，出去後自己成立了一家廣告公司，他真的是占了「便宜」啊！

所以，當矛盾發生的時候，用「吃虧就是占便宜」的態度來做人，把眼光放得長遠一些，保證讓人受益無窮。

做人真的比做事難，因此，善於做人的人常常領導著善於做事的人。如果一個人在做人時抱持「吃虧就是占便宜」的心態，那麼他做人會豁達很多。但凡一般人都喜歡占別人便宜，你吃一點虧，讓別人占一點便宜，那麼你就不會得罪人，人人還都會當你是好朋友！何況拿人手短，吃人嘴軟，今天占你一點便宜，他心裡多少也會過意不去，只好在恰當時候回報你，這就是你「吃虧」之後所占到的「便宜」！

當然，我們也不能處處吃悶虧不吭聲，有些該爭取的還是應該爭取。什麼時候該爭取？什麼時候該吃虧呢？

八分飽的人生哲學提供你一個簡單的判定方法：如果為了兩分的利益要耗費八分的精力；如果為了兩分的利益可能會損失八分的利益，那麼就選擇吃虧吧；反之，如果是八分的利益擺在面前只需耗費兩分的精力，如果為了八分的長遠利益可能只損失兩分的眼前利益，那麼就爭取更大的利益吧！唯一需要強調的是：這些爭取行動必須符合法律與道德的規範，絕不能見利忘義、不擇手段。

最後一個問題是：如果得到與失去的不是二比八（或八比二），那又該如何選擇？對於這個問題，筆者認為，對於預期的得與失，實際上很難作出一個精確的比例判斷。因此，讀者不妨把「八」視為「多」，將「二」視為「少」，這樣答案就會清楚多了。而當得失之判定處於極難確定的迷霧中或不分伯仲時，究竟該爭取還是該吃虧，這就仁者見仁、智者見智了，畢竟，八分飽的人生哲學並不能精確地幫助人們妥善地解決每一道生活難題。

處世箴言

輕財足以聚人，律己足以服人，量寬足以得人，身先足以率人。

過分忍讓不可取

八分飽的人生哲學主張人們要在「忍」字訣上苦心修練，但同時也提醒大家注意忍讓的分寸。事實上，過分的忍讓並不可取。一個人如果過分地忍讓，會給自己帶來許許多多的麻煩、痛苦甚至是恥辱；過分地忍讓，還會使忍讓者的骨骼中缺乏了「鈣」的成分，成了直不起腰的奴婢；過分地忍讓，也會使忍讓者缺乏活力，缺乏向前闖的勇氣……

具體來說，過分地忍讓會產生以下幾個負面的後果。

第一，如果一個人只會過分地忍、一味地忍，那麼他就會變成一個缺乏個性的人。人需要有自己的個性，也需要有自己的風格，只有這樣才能使自己的人生豐富多彩。對於那些忍到了家的人來說，只是為忍而忍，將忍看作是目的，而不是方法。因此，只會是逆來順受，只能壓抑自己，自己想說的話不能說，自己想做的事不能做，而且處處受到干涉和阻止，一點都不能發展自己。這樣的忍，是以犧牲自己的獨立人格和主體意識為代價的，因此，他們只能整天沒志氣、無所作為地活著。這類人因為過於忍耐，其自我萎縮，缺乏鮮明的個性。

第二，如果一個人只會過分地忍、一味地忍，那麼，他們就容易變成守舊、毫無進取心的庸人。唐代學者劉禹錫詩曰：「流水淘沙不暫停，前波未滅後波生。」人生只有不斷進取才能獲得成功。如果人以暫時的忍作為進取的方法和智謀，還是可取的。而有些人的忍，並不是為實現正義而做的一時妥協，並不是為實現自己遠大的目標而做出的暫時性撤退，他只是對傳統的習慣勢力、落後勢力的無限制的妥協和退讓。他是懦弱的表現，因而膽小如鼠，俯首帖耳於惡勢力之下。有時明明是正義站在他們這一邊，然而他們還是一直往後縮，越來越變得膽小怕事、守舊，越來越缺少抗爭勇氣，越來越缺乏進取精神。

第三，如果一個人只會過分地忍、一味地忍，那這種老實過頭的結果就會讓人變得越來越帶有奴性，越來越自卑。有的人為什麼只會忍？就是因為缺乏自信、太自卑，對他人就只能無條件地順從、服從。如果這種忍的時間一長，變成習慣之後，就會很快地轉換成奴性，印刻在他的行為之中，時時、事事都得依靠他人，變得離開他人就無法生存一樣，甚至連他本人都不知道自己為什麼要在這世上生活下去。由於自我的極度萎縮，這種人越來越心安理得地忍，倘若離開了他人，倘若別人沒有出事來讓自己忍，他甚至會有感到世界末日將要來臨一般的感覺。他們會越來越缺乏獨立性，會越來越看不到自己的優點，越來越自卑。

第四，如果一個人只會過分地忍、一味地忍，那對個人來說也只會帶來矛盾和痛苦。過分的忍，實際上是人對社會的消極適應方式，是將個人在人生中遇到的所有矛盾、問題都由自己默默地承受。這種人不會宣洩，不會透過其他方式去化解矛盾，只會一個人在夾縫中生活，只會一個人躲在角落裡偷偷地掉淚。結果呢，矛盾越積越多，越積越深，也就越來越痛苦，既害了自己，又誤了別人。世界上本來有很多矛盾屬於「一點即破」的，然而一到了那些能忍、會忍的人身上，就任憑矛盾累積。於是，本來不複雜的變成了相當複雜的；本來很容易解決的就變得很處理了。這類人，因為凡事過分地忍，其感情世界往往是最痛苦的，而且往往依靠個人的力量無法擺脫。這種人讓人覺得既可憐又可恨。

的確，如果讓忍深深烙上了保守、落後、安命不爭、平庸、易滿足、缺乏進取心、衰老退化、奴性、軟弱、過於自卑等痕跡時，那麼，這樣的忍耐就變了意思，叫人難受，叫人窩囊，叫人痛苦……為何？因為這種忍耐太缺乏時代精神，太缺乏人的進取精神，太缺乏人的主體意識，太缺乏人的骨氣，太缺乏人的生存意義和價值了。

我們前面說做人要「忍」，現在又說「忍」不要過分，那麼，這個分寸該如何掌握呢？

簡單地說，忍讓是保存自己力量的重要手段。當敵我之間的力量太懸殊，正義與邪惡之間的勢力太大時，忍讓，便作為一種最為明智的暫時退卻手段，不硬拚，不消磨自己的「元氣」，不將把柄送到敵對勢力的手中，而是將力量慢慢地蓄積起來。這種忍讓，絕不是對邪惡勢力、落後勢力的妥協和投降，而是一旦時機成熟，就乘其不備，猛然一擊，讓那邪惡永不翻身。

記住！邪惡是被過度忍讓培養大的。當邪惡出現時，暫時的讓它一些，而後再收拾它，這是策略；長期的讓它，聽任它胡作非為，那可是軟弱、窩囊。該出手時就出手，過分忍讓不可取。

處世箴言

處事最當熟思緩處。熟思則得其情，緩處則得其當。必能忍人不能忍之觸忤，斯能為人不能為之事功。

第六章　有點糊塗的人其實聰明

人生在世，智總覺短，計總覺窮，熱熱鬧鬧在眼前，紛紛擾擾於心中。要看那麼細緻做什麼？要想那麼清楚做什麼？水自漂流雲自閒，花自零落樹自眠，不如就著兩分糊塗下酒，從熱鬧紛擾中抽身而出，不為利急，不為名躁，進退有據，左右逢源。

做人不可太精明

據《孟子．盡心章句下》記載：盆成括（人名——作者注）做了官，孟子就斷言他的死期到了。盆成括果然被殺了。難道孟子會看相算命？非也。孟子後來解釋說：盆成括這個人有點小聰明，但卻不懂得君子的大道；這樣，小聰明也就足以傷害他自身了。

有些精明的人，其實無非是懂得耍點小聰明罷了。小聰明從來就不能稱之為智，充其量只不過是一些小道末技而已。小道末技可以讓這些人逞一時之能，但最終會禍及自身。比如《紅樓夢》中的王熙鳳，機關算盡太聰明，反誤了卿卿性命，也就是說聰明反被聰明誤。

耍點小聰明的人，只能算是精明人，而「古今得禍，精明人十居其九」。為什麼精明人的下場如此不堪呢？

太精明的人往往工於心計，善於撥弄自己的小算盤，卻不願推己及人為別人著想。事實上，人與人之間的利益存在著不少交集，交集的部分屬於你也可以屬於他，倘若全部算計都給了自己，又有誰會那麼寬宏大量？在這種情況之下，比你更精明的人一定會反過來算計你，令你「算來算去算自己」。和你同等精明的人也不甘示弱，要和你鬥法，鹿死誰手暫時不談，光無窮無盡的「鬥法」就會把你累得就夠嗆。而不如你精明或不屑於精明的人，他們貌似中了你的算計，但人家也不傻，惹不起你還躲不起你？勞心勞力，遍體鱗傷，眾叛親離——這種下場和你所得到的利益相比，孰重孰輕，不言自明。

其次，太過精明的人通常也是一個斤斤計較的人，總容易鑽進對一事一物的糾纏中，看重「小利」而忽視「大利」，斤斤計較卻不知輕重，機關算盡而本末倒置。為了眼前的一塊錢，錯失將來的一百塊錢，這難道不是最愚蠢的嗎？

再者，太精明的人會過得很累。他們總是處處擔心、事事提防、時時警惕、小心翼翼的過日子。別人很隨意說的一句話，做的一件事，也許本沒有什麼目的，但過於精明的人就會敏感地「察覺」出什麼。等到晚上次到家裡，躺在床上還要細細思索，生怕別人有什麼計謀會使他吃虧。這樣，他在處理人際關係上就顯得不誠實，不大方，甚至很造作。因此，我們碰到的許多生活中的精明者，往往性情都不開朗，心理都相當虛假，神經都相當過敏。

明代大政治家呂坤以他豐富的閱歷和對歷史人生的深刻洞察，寫出了《吟呻語》這一千古處世奇書。書中說了一段十分精闢的話：「精明也要十分，只須藏在渾厚裡作用。古今得禍，精明者十居其九，未有渾厚而得禍者。今人之唯恐精明不至，乃所以為愚也。」

也就是說，聰明是一筆財富，關鍵在於使用。財富可以使人過得很好，也可以把人毀掉。凡事總有兩面，好的和壞的，有利的和不利的。真正聰明的人會使用自己的聰明，那主要是深藏不露，或者不在刀刃上、不到火候時不輕易使用，一定要貌似敦厚，讓人家不眼紅你。一味耍小聰明，其實是笨蛋。因為那往往是招災惹禍的根源。無論是從政，是經商，是做學問，還是治家立業，都不能耍小聰明，都不應給人以太精明的形象。

不要小聰明，要有大智慧。只有大智才是人生的依據，只有大智才能使人伸展自如。那麼究竟要怎樣才稱得上大智？蘇東坡在〈賀歐陽少師致仕啟〉中，認為「大智若愚」。而在他提出「大智若愚」觀點之前的一千五百多年前，老子早就有過類似的看法。在《老子》第四十五章中，我們可以看到「大直若屈，大巧若拙，大辯若訥」的表述。

處世箴言

古今得禍精明人十居其九，未有深厚而得禍者。今人唯恐精明不至，乃所以為愚。

不必刨根究柢太固執

每個人都生活在社會中，有人的地方就會有矛盾。有了分歧，很多人就喜歡爭吵、理論，非辯個是非曲直不可。其實這種做法很不明智，吵架既傷和氣又傷感情，不值！不如大事化小，小事化了。俗話說家和萬事興，推而廣之，人和也能萬事興。人際交往中切不可太認死理，必要的時候還是裝裝糊塗，於己於人都有利。

總聽人說：「活得太累！」於是乎什麼「煩著呢！別理我」、「養家餬口真累」，都被赫然印在汗衫上，背上了人們的前胸後背，招搖過市。這是一種壓抑、煩躁、鬱悶的心理情緒的表露和發洩，表明某些人的確活得累、活得煩。

究其「累」的原因，主要還是事事較真，缺乏「糊塗」意識。談戀愛，你要把人家的生辰八字問個徹底；做父母，你要把別人給兒女的信都拆開檢查；當主管，你連職員上廁所也要跟去看一看；別人說句話，你要顛三倒四考慮半天，總想從中思索出個「言外之意」……總之，事無巨細，你都要搞得入骨三分，循規蹈矩，認認真真，或是拿著雞毛當令箭，或是拿著山雞當鳳凰。結果呢？有人說大人物都是不拘小節，其實此話不無道理。

「水至清則無魚，人至察則無友。」一個人太過於「認真」了，就會對什麼都看不慣，連一個朋友都容不下，把自己與社會隔絕開。鏡面很平，但在高倍放大鏡下，就成凹凸不平的山巒；肉眼看著很乾淨的東西，拿到顯微鏡下，滿目都是細菌。試想，如果我們戴著顯微鏡生活，恐怕連飯都不敢吃了。若再用放大鏡去看別人的毛病，恐怕哪個人都是罪不可赦、無可救藥的。

人非聖賢，孰能無過？與人相處就要互相諒解，經常以「難得糊塗」自勉，求大同存小異，有度量，能容人，這樣就會有許多朋友，且左右逢源，諸事遂願；相反，「明察秋毫」，眼裡不容半粒沙子，過分挑剔，什麼雞毛蒜皮的小事都非要論個是非曲直，一丁點容不得他人，人家也會躲你遠遠的。最後，你只能關起門來稱孤道寡，成為使人避之唯恐不及的異己之徒。古今中外，凡是能成大事的人都具有一種優秀的特質，那就是能容人所不能容，忍人所不能忍，善於求大同存小異，團結大多數人。他們極有胸懷，豁達而且不拘細節，大處著眼而不會目光如豆，從不斤斤計較，糾纏於非原則的瑣事。

不過，要真正做到不計較，也不是件簡單的事，需要有良好的修養，需要有善解人意的思維方法，從對方的角度考慮和處理問題，多一些體諒和理解。比如，有些人一旦做了官，便容不得下屬出半點錯誤，動輒橫眉立目，屬下畏之如虎，時間久了，必積怨成仇。想一想天下的事並不是你一人所能包攬的，何必因一點點小毛病便與人嘔氣呢？若調換一下位置，設身處地為對方著想，也許一切都會迎刃而解。

該清楚的不能糊塗，該糊塗的也不可清楚。記得一位社會活動家談演講的體驗時說，當你越是清楚地意識到臺下都是些專家、學者等權威時，你演講才能的發揮就越會受到限制；你越是淡化這種意識，你的才能就越能得到充分發揮。這就好比有的著名運動員在臨場時，越是擔心成敗，反而越會一敗塗地。

清官難斷家務事，在家裡更不要計較，否則你就愚不可及。老婆孩子之間哪能有什麼原則、立場的大是大非問題。都是一家人，非要用「階級鬥爭」的眼光看問題，分出個對和錯來，又有什麼用呢？人們在公司、社會上充當著各式各樣的社會化角色，恪盡職守的國家公務員、精明體面的商人，還有各種工人、職員，但一回到家裡，脫去西裝革履，也就是脫掉了所扮演的這一角色的「行頭」，即社會對這一角色的規矩和種種要求、束縛，還原了他的本來面目，使他盡可能地享受天倫之樂。假如他在家裡還跟在社會上一樣認真、一樣循規蹈矩，每說一句話、做一件事還要考慮對錯，顧忌影響、後果，掂量再三，那不僅可笑，也太累了。所以，處理家庭瑣事要採取「姑息主義」，安撫為主，大事化小，小事化了，打打醬油，當個笑口常開的和事佬。

人與人的交往時常免不了會產生矛盾。有了矛盾，平心靜氣地坐下來交換意見，予以解決，固然是上策，但有時事情並非那麼簡單，因此倒不如糊塗一點的好。

糊塗可給人們帶來許多好處：

一則，可以減去生活中不必要的煩惱。在我們身邊，無論同事、鄰居，甚至萍水相逢的人，都不免會產生些摩擦，引起些氣惱。如若斤斤計較，患得患失，往往越想越氣，這樣也於事無補，於身體也無益。若能做到遇事糊塗些，煩惱自然就少得多。我們活在世上只有短短的幾十年，卻為那些很快就會被人們遺忘了的小事煩惱，實在是不值得的。

二則，糊塗可以使我們集中精力於事業。一個人的精力畢竟是有限的，如果一味在個人待遇、名利、地位上打轉，或把精力白白地花在鉤心鬥角、玩弄權術上，就不利於工作、學習和事業的發展。世上有所建樹者，都有糊塗功。清代「揚州八怪」之一鄭板橋自命糊塗，並以「難得糊塗」自勉，其詩畫造詣卻在他的「糊塗」中達到一個極高的水準。

三則，糊塗有利於消除隔閡，以圖長遠。《莊子》中有句話說得好：「人生大地之間如白駒之過隙，忽然而亡。」人生苦短，又何必為區區小事而耿耿於懷呢？即使是「大事」，別人有愧於你之處，若糊塗些，反而會感動人，從而改變人。

四則，遇事糊塗也可算是心理防禦機制，可以避免外界的打擊對本人造成心理上的創傷。鄭板橋曾書寫「吃虧是福」的條幅。其下有云：「滿者損之機，虧者盈之漸。損於己所彼，外得人情之平，內得我心之安。既平且安，福即在是矣！」正基於此念，才使得鄭板橋老先生在罷官後，騎著毛驢離開官署去揚州賣書。自覺地使用各種心理防禦機制，可以避免或減輕精神上的過度刺激和痛苦，維持較為良好的心境，可以避免精神崩潰。

人活一世，草木一秋，誰不願自己活得自然、自由、自在呢？誰不願自己生活得瀟灑、輕鬆、愉快呢？誰不願自己事業蓬勃、財運亨通呢？誰不願自己成為別人羨慕的人呢？那麼，學習一下「糊塗經」吧。

處世箴言

好察非明，能察能不察之謂明；必勝非勇，能勝能不勝之謂勇。

學會健忘好處多

記憶就像一本獨特的書，內容越翻越多，而且描述越來越清晰，越讀就會越沉迷。有很多人為記憶而活著，他們執著於過去，不肯放下。還有一些人卻生性健忘，過去失去的與悲傷的對他們來說都是過眼煙雲，他們不計較過去，不眷戀以前，不歸還舊帳，活在當下卻展望未來。

健忘人生未嘗不是幸福。因為人生並不都像期望的那樣充滿詩情畫意，那麼快樂自在。人生中必定有許多苦痛和悲哀、令人厭惡和心碎的東西，如果把這些東西都儲存在記憶之中的話，人生必定越來越沉重，越來越悲觀。實際上的情景也正是這樣。當一個人回憶往事的時候就會發現，在人的一生中，美好快樂的體驗往往只是瞬間，占據很小的一部分，而大部分時間則伴隨著失望、憂鬱和不滿足。

德國有句諺語：「人最痛苦的事情，就是在眼下的苦痛中回憶過去的幸福。」其實，有些回憶即便是幸福的，也不過是個沉重的包袱。

人生既然如此，健忘有什麼不好呢？它能夠使我們忘掉幽怨，忘掉傷心事，減輕我們的心理重負，淨化我們的意識；可以把我們從記憶的苦海中解脫出來，忘記我們的罪孽和悔恨，俐落地做人和享受生活。

那麼，我們在生活中該學會忘記什麼呢？一要忘記不值得的仇恨。一個人如果在頭腦中種下很多仇恨的種子，夜裡夢裡總是想著怎麼報仇，他的一生可能都不會得到安寧。二要忘記沒必要的憂愁。多愁善感的人，他的心情長期處於壓抑之中而得不到釋放。愁傷心，憂傷肺，憂愁的結果必然多疾病。《紅樓夢》裡的林黛玉不就是如此嗎？在我們生活中，單憑憂愁並不能解決任何問題。三要忘記甩得掉的悲傷。生離死別，的確讓人傷心。黑髮人送白髮人，固然傷心；白髮人送黑髮人，更叫人肝腸欲斷。一個人如果長時間的沉浸在沒完沒了的悲傷之中，對於身體健康是有很大影響的。與憂愁一樣，悲傷也不能解決任何問題，只是給自己、給他人徒添煩惱。逝者長已矣，存者且偷生。理智的做法是應當學會忘記悲傷，盡快走出悲傷，為了他人，也為了自己。

「人生不滿百，常懷千歲憂」，有何快樂可言？生活中有些回憶是需要忘記的。在生活中會「健忘」的人才活得瀟灑自如。當然，在生活中真得健忘，丟三落四，那也絕非樂事。我們說學會「健忘」，是說該忘記的雞毛蒜皮不妨「忘記」一下，該糊塗的枝節問題不妨「糊塗」一下。

處世箴言

古來大聖大賢，寸針相對；世上閒語，一筆勾銷。

就著糊塗來下酒

臺灣著名女作家羅蘭認為：當一個人碰到感情和理智交戰的時候，常會發現越是清醒，越是痛苦。因此，有時候對於一些人和事，「真不如乾脆糊塗一點好」。她同時還認為：一時的糊塗，人人都有；永遠的糊塗就會成為笑話。喜歡故意犯犯錯誤，裝裝糊塗，或雖然無意之間犯下了錯誤，但可以再用自己的聰明去糾正彌補的，那是聰明人；或者我們不妨說，那是些聰明而且又有膽量的人。從來不去犯錯誤，也不裝糊塗，一生規規矩矩的人大概是神仙。從來不想去犯錯誤，又不知道自己該從糊塗中清醒，或根本不知道怎樣才可以使自己清醒的人，就是傻子。英國評論家柯爾敦也說：「智者與愚者都是一樣的愚蠢，其中差別在於愚者的愚蠢，是眾所周知的，唯獨自己不知覺；而智者的愚蠢，是眾所不知，而自己卻十分清楚的。」

由此可見，為人處世時裝裝糊塗，既是處世的聰明，也是需要勇氣的行為。很多人一事無成，痛苦煩惱，就是因為自認為自己很聰明，卻又缺乏「裝裝糊塗」的勇氣。當然，在人生的長河中，或者在一些具體的人和事上，假裝糊塗，並不一定都是阿Q式的自我滿足，自我麻醉，自我欺騙。在糊塗與清醒之間，在糊塗與聰明之間，隨時隨地都要注意掌握應有的分寸，即知道自己何時該聰明，何時該糊塗。該糊塗的時候，一定要糊塗；而該聰明、清醒的時候，則不能夠再一味地糊裡糊塗，一定要聰明。這實際上也是一個「出」與「入」的問題，即知道自己在適當的時候「從糊塗中入，從聰明中出」；或者在適當的時候「從聰明中入，從糊塗中出」，如此出出入入，由聰明而轉為糊塗，由糊塗而轉為聰明，則必左右逢源，不為煩惱所擾，不為人事所累。

中國古代先哲老子就極為推崇「糊塗」。他自稱「俗人昭昭，我獨昏昏；俗人察察，我獨悶悶」。而作為老子哲學核心範疇的「道」，更是那種「視之不見，聽之不聞，搏之不得」的似糊塗又非糊塗、似聰明又非聰明的境界。

清朝畫家鄭板橋有一方閒章，曰「難得糊塗」，這四個字一經刻出，便立刻成了很多後人津津樂道的座右銘。彷彿有許多人生的玄機一下子從這四個字裡折射出了哲學的光輝。

在我們身邊，無論同事、鄰里之間，甚至萍水相逢，不免會產生些摩擦，引起些煩惱，如若斤斤計較，患得患失，往往越想越氣，這樣很不利於身心健康。如做到遇事糊塗些，自然煩惱會少得多。

人生在世，智總覺短、計總覺窮，紛紛擾擾、熱熱鬧鬧在眼前，又有幾人能看清？常言道：不如意事總八九，可與人言無二三。天地間，立人處事，總會有許多盤盤曲曲、枝枝節節，即便胸中有萬丈光芒，托出來也不過就是那一點亮。於是，俯仰之間，總覺得被拘著、束著、擠著、磨著，好比那鄭板橋，硬著頭皮做清官、好官，卻屢屢遭貶、被逐，無奈擲印辭官，彈掉幾兩烏紗，自抓一身搔癢，自討兩分糊塗下酒，於是，身心俱輕。正是：行到水窮處，坐看雲起時。此一糊塗，人生境界頓開，先前舍不下的成了筆底煙雲；先前弄不懂的成了淋漓墨跡。因此，你不得不承認糊塗其實是一種智慧，猶似霧裡看花、水中望月，逕取朦朧捂眼，而心成閒雲。

有一則外國寓言說，在美國科羅拉多州長山的山坡上，豎著一顆大樹的殘軀，它已有四百多年歷史。在它漫長的生命裡，被閃電擊中過十四次，無數的狂風暴雨襲擊過它，它都巋然不動。最後，一小隊甲蟲卻使它倒在了地上。這個森林巨人，歲月不曾使它枯萎，閃電不曾將它擊倒，狂風暴雨不曾使它屈服，可是，卻在一些可以用手指輕輕捏死的小甲蟲持續不斷的攻擊下，終於倒了下來。這則寓言告訴我們，人們要提防小事的纏擾，要竭力減少無謂的煩惱，要「糊塗」，否則，小煩惱有時候是足以讓一個人毀滅的。我們活在世上只有短短的幾十年生命，不要浪費許多無法補回的時間，去為那些很快就會被所有人忘了的小事煩惱。生命太短促了，在這一類問題上糊塗一些吧，不要再為小事垂頭喪氣。

「難得糊塗」實在是一劑解惑之良藥，直切人生命脈。按方服藥，即可貫通人生境界。所謂一通則百通，不但除去了心中的滯障，還可臨風吟唱、拈花微笑、衣袂飄香。

處世箴言

俗人昭昭，我獨昏昏；俗人察察，我獨悶悶。

第七章　力莫用盡，要留餘地

努力是一項優秀的特質，但努力也應該講個時機，要有一個限度。人生說長也不長，說短也不短，過於努力的奔跑，不一定都能贏得人生旅程的金牌；相反，過於努力的奔跑很容易導致跌倒、累垮，最終導致付出與回報成了反比。

留白天地寬

濃墨鋪滿的畫並不好看。在國畫藝術中，有一種技法叫「留白」。留白要求畫畫時不可滿紙著墨，要適當留些空白。香港作家陶傑在一篇文章中說：「中國的水墨畫，講究留白。即沒有筆墨的地方，有天和水之空靈，畫意深遠。此代表了中華文藝的言簡意賅，也是中國傳統哲學中做人的哲學。含蓄而處世，練達而人情。禪宗的佛偈，也是留白的哲學；菩薩低眉式的留白，也是生活的最高藝術。」

留白能夠突出畫的主體，使畫不會出現雜亂無章的情形，同時也能夠使觀賞者進行無限的遐想。因此有所謂「留白天地寬」的說法。在我們的日常生活中，也處處存在著「留白天地寬」的八分飽哲學。拿居室來說，房間裡若都擺滿了東西，進房的人肯定會感到壓抑與窒悶。房間需要留出適當的空間，這樣才會給人舒坦的感覺。複雜繁多的裝飾反而會使房間失去簡約之美，無給人以無盡的想像空間。園林也需要留白，空間的曠遠和花草的疏朗，正是構思高明的大手筆。

有些心懷大志的人，為了珍惜人生的光陰，習慣將每天的日程安排得滿滿的，不停地奔波。即使再累，也得強撐著。這種積極生活精神被不少人推崇。但正如國畫需要留白一樣，每個人的人生也需要留白。列寧曾說過「不懂休息的人是不懂工作的人」。《菜根譚》裡有一句話：憂勤是美德，太苦則無以適性怡情。大意是說，盡心盡力去做事是一種很好的美德，但是過於辛苦地投入，就會失去愉快的心情和爽朗的精神。人若失去了愉快的心情和爽朗的精神，還有什麼生活的樂趣呢？所以，我們在奮力做事時，別忘了給自己的生活留白。

在自己的生活中留白之前，你可能還在很多事情中團團轉，很難空出時間與精力去做自己真正想做的事。但是，只要你肯為自己留一些「空白」，你就能為自己做一些事，而不只是在應允別人的要求。通常，你周圍的人會要求你做一些事，你的孩子也經常要求你幫助，或者你的鄰居、朋友與家人需要你為他們做些什麼。除此之外，你還有必須承擔的社會責任，有些是你願意做的，有些則是你應盡的義務。當然，來自工作甚至陌生人的懇求也是源源不斷的，譬如電話拜訪或推銷員的打擾。感覺上好像每個人都想侵占一點你的時間，只有你自己，一點時間也沒有。

唯一的解決之道是與自己訂個約會，就像你與醫生或好友訂下約會一樣。除非有意外事故，否則你要謹守約定。和自己訂約會的方法很簡單：在日曆上畫出幾個不讓任何人打擾的空白日子。

當你在看你的日曆時，你會發現這個星期五的一點半到四點半之間是屬於自己的時間。除非是有特殊的事情發生，任何人都不能從你手中搶走這段時間。也就是說，任何人要求你在這段時間做任何事——廣播節目的採訪、有人要等你的電話、或是客戶需要你幫忙等——任何事都不行，因為你已經有計畫了，而這個計畫是讓你與生活的樂趣在一起。在這個月接近月底的時候，還有另一天也是預留的空白日子，那同樣是個和自己約會的神聖時光，你必須確定那天絕不會被別的事填滿。

在時間中留白將成為你的行事日曆中最重要的計畫，也是你最珍惜、最願意保留的重要時光。但這並不是說你的工作對你而言就不重要，或是你與家人在一起的時光沒有價值，而是這段空白的時光對你的心靈有平衡與滋養的作用。缺乏了這樣的時間，你很容易變得暴躁易怒、沮喪不安。

你可以從今天開始與自己訂個約會。首先是從行事日曆中挑選一段固定的時間，一週一次或一個月一次都可以，而且時間長短不限，就算只是幾小時也可以，重點在於你為自己留下了一點空白。其次是當別人要跟你約定時間時，絕對不能將這段神聖的留白時光犧牲了。你要格外珍惜這樣的時光，甚至比任何時光都重要。別擔心，你絕不會因此而變成一個自私的人，相反，當你再度感到生命是屬於自己的時候，你就會感到無盡的歡樂，也能更輕易地滿足別人的需求。

好了，讓我們讀一首英國作家威廉．亨利．戴維斯（William Henry Davis）的小詩，以此來體會什麼是享受悠閒的歡樂，如何享受悠閒的快樂！

這不叫什麼生活，
總是忙忙碌碌，
沒有停一停，看一看的時間。
沒有時間站在樹蔭下，
像小羊那樣盡情瞻望。
沒有時間看到，
在走過樹林時，
松鼠把殼果往草叢裡收藏。
沒有時間看到，
在大好陽光下，
流水像夜空般群星點點閃閃。
沒有時間注意到少女的流盼，
觀賞她雙足起舞蹁躚。
沒有時間等待她眉間的柔情，
展開成唇邊的微笑。

處世箴言

憂勤是美德，太苦則無以適性怡情。

東野稷為何敗馬

在春秋戰國時期，有一個叫東野稷的人十分擅長於駕馬車。在曹劌論戰中，虛心納諫的魯莊公是當時少見的一個唯賢是舉的諸侯王，他久聞東野稷威名，便召見了東野稷，叫他當場駕車以檢驗其水準。

據《史書》記載，東野稷當時駕著馬車，前後左右，如魚得水、遊刃有餘。無論是前進還是後退，車轍都像木匠畫的墨線那樣的直；無論是向左還是向右拐彎，車轍都像木匠用圓規劃的圈那麼圓。魯莊公嘆為觀止，稱讚道：「就是繡花的紋路也不過如此。」

魯莊公意猶未盡，要求東野稷駕著馬車再跑一百圈。就在東野稷遵命轉圈的時候，顏闔走進魯莊公的帳中，對莊公說：「稷之馬將敗。」意思是：我看東野稷馬上就要出錯了。魯莊公沒有理會顏闔，繼續與大臣們熱烈地討論東野稷精湛的馬術。

顏闔的話說了不久，東野稷所駕的馬果然失了前蹄，弄了個人仰馬翻。莊公想起剛才顏闔的預言，轉過頭問顏闔：「你怎麼知道東野稷會出錯？」

顏闔對莊公說：「一個很優秀的馭手駕馭一匹良馬，若使它操練得過度疲乏，在精力不足的情況下專注力就會降低。我看東野稷的馬疲態已露，所以預測它就要出錯，如此而已。」

東野稷的馬很優秀，他的馬術也確實高超；然而，他的表演「敗」了，原因是東野稷的要求超過了馬的體力所許可的限度。當顏闔看到東野稷的馬疲態初現時，馬的體力已經用到了十分，正處於一個隨時可能出現危險的時刻；馬之所以當時沒有出現意外，那是幸運。試想，當一匹馬不得不將所有力氣用於奔跑時，它還有什麼精力去掌控平衡？繼續讓馬跑下去，馬在承受了十二分體力付出後便不可避免地「敗」了。

其實，有許多人做事之所以跌落「敗」的泥潭，並不是因為他們沒有本領，也不是他們不賣力，而是因為他們過於賣力，主觀願望超過了客觀條件所許可的限度。

東野稷的馬術表演，用到馬的八分力量與速度最為適宜。力不可使盡，勢不可去盡，福不可享盡，便宜不可占盡，聰明不可用盡。世間萬物，都應留有餘地。

在我們的傳統教育裡，總是強調人生如戰場，因此要打起精神全力作戰。在上億個精子爭先恐後的賽跑中，我們贏得了當人的機會。之後，又是上學、考高中、考大學、就業，真是過五關斬六將。別以為走向社會就清閒了：房子、車子、位子、妻子（或丈夫）……過了一關又一關，容不得人敢有半點怠慢。在這種情勢下，「努力、努力、再努力」成了很多人的座右銘，他們用「頭懸梁、錐刺股」的精神，為自己的理想、事業而打拚而忙碌。

努力是一項優秀的特質，但努力也應該講個時機，也要有一個限度。從功效上看，盲目地開足馬力並非就有好結果。就像馬拉松比賽一樣，你剛開跑就一鼓作氣，這當然可以讓你一時間超越別人。但別忘了——你前面還有幾十公里的路程在等著你，你一鼓作氣免不了再而衰三而竭，最終，你就是想努力也會心有餘而力不足，只得和勝利失之交臂。人生說長也不長，說短也不短，一直「努力」的奔跑，不是贏得人生旅程的籌碼，相反，過於全力的奔跑容易導致跌倒、累跨，最終導致付出與回報成了反比。

不要等到了「英年早逝」、「出師未捷身先死」的時候才悟到這點。努力必須有個好身體做工具，沒有這個工具，再作多少努力也白費，「五子」都是人家的。

處世箴言

花繁柳密處，撥得開，才是手段；風狂雨急時，立得定，方見腳跟。

善事不要做盡

古有聖賢告誡人們：「不以惡小而為之，不以善小而不為。」在此時，八分飽的人生哲學要提醒大家：善事不要做盡。壞事做絕的人是令人恐怖的，但善事做盡的人有時也同樣令人畏懼。

小軍到城市投靠老同學阿明，受到了阿明的熱情照顧。從租房到找工作，事無巨細，一手包攬。要錢給錢，缺物給物，不用小軍開口，阿明雙手就奉上。

小軍非常感激阿明，為自己有一個如此夠義氣的同學而高興。同時，也暗暗發誓將來若成功了，定要加倍奉還阿明的情意。

長安米貴，白居不易。在都市的小軍雖說有了一份工作，但薪水也就新台幣兩萬多，生活還是不寬裕的。他第一次接到薪水，就約阿明出來吃飯。飯局在融洽的氣氛中結束，小軍去買單時，卻發現阿明早就買了——趁他去洗手間的空當，阿明在櫃檯把帳結了。

小軍很過意不去，要把吃飯的錢給阿明。「怎麼能老吃你的呢？現在我有工作了，就由我請吧！」小軍說。但阿明死活不肯要。

平心而論，阿明對小軍可謂「恩重如山」，但正是這「如山」的「恩」，讓小軍不堪其

「重」。從此，小軍不敢再應阿明的約外出吃飯，也不再請阿明吃飯。因為他感覺阿明對自己越好，自己所欠的人情債就越多——令他難以償還。

小軍於是選擇逃避，他刻意地疏遠了阿明。他們的友誼就這樣走到了頭——除非小軍在哪一天突然發達，他們才會有「和好」的可能。

在上述案例中，阿明犯了「善事做盡」的交際錯誤，他以為自己全心全意為對方做事會使關係融洽、密切，但事實並非如此。因為人不能一味接受別人的付出，否則心理會感到不平衡。「滴水之恩當以湧泉相報」，這也是為了使關係平衡的做法。如果善事做盡，使人感到無法回報或沒有機會回報的時候，愧疚感就常常會讓受惠的一方選擇疏遠。幫助人留有餘地，不應一次做盡，也許是平衡人際關係的重要準則。

如果你想幫助別人，而且想和別人維持長久的關係，那麼不妨適當地給別人一個機會，讓別人有所回報，不至於讓對方因為內心的壓力而疏遠了雙方的關係。而過度投資，不給對方喘息的機會，就會讓對方的心靈窒息；留有餘地，彼此才能自由暢快地呼吸。

善事做盡換來的結局竟然是關係疏遠，這個結果似乎有些匪夷所思，卻又在情理之中。還有比這更殘酷的。不信，先看下面這個小故事：

美麗的天鵝湖中有一個小島，島上住著一位老漁翁和他的妻子。平時，漁翁搖船捕魚，妻子則在島上養雞餵鴨，除了買些油鹽柴米，平時他們很少與外界來往。

有一年秋天，一群天鵝來到島上，牠們是從遙遠的北方飛來，準備去南方過冬的。老夫婦見到這群遠方來客非常高興，因為他們在這住了那麼多年，還沒誰來拜訪過。

漁翁夫婦都是心地善良的人，他們拿出餵雞的飼料和打來的小魚招待天鵝。於是這群天鵝就跟這對夫婦熟悉起來，在島上，牠們不僅敢大搖大擺地走來走去，而且在老漁翁捕魚時，牠們還隨船而行，嬉戲左右。

冬天來了，這群天鵝竟然沒有繼續南飛，牠們白天在湖上覓食，晚上在小島上棲息。湖面封凍，牠們無法獲得食物，老夫婦就敞開他們的茅屋讓牠們進屋取暖，並且給牠們餵食，這種關懷一直延續到春天來臨，湖面解凍。

日復一日，年復一年，每年冬天，這對老夫婦都這樣奉獻著他們的愛心。這一年，他們老了，離開了小島，天鵝也從此消失了，不過牠們不是飛向了南方，而是在第二年的湖面封凍期間餓死了。

上面的小故事雖然是發生在人與動物之間，但在人與人之間的類似的慘劇又何嘗少見？付出總要有個限度，做善事也應有一個分寸，這一點「善人」們不可不察。否則，好心沒有好報且不說，損己不利人的後果實在讓人難以接受。

處世箴言

求人需求大丈夫，濟人須濟急時無。

臨危不亂，處變不驚

「司馬光砸缸」的故事，可謂婦孺皆知。司馬光的「機智」與「急智」非常值得我們學習。面對一件危急的事，出於本能，許多人都會作出驚慌失措的反應。然而，仔細想來，驚慌失措非但於事無補，反而會因為胡亂應對而平添亂子。

所以，在緊急時刻，臨危不亂，處變不驚，方是應對之策。以高度的鎮定，冷靜地分析形勢，那才是明智之舉。

唐憲宗時期，有個中書令叫裴度。有一天，手下人慌慌張張地跑來向他報告說，他的大印不見了。為官的丟了大印，真是一件非同小可的事。可是裴度聽了報告之後一點也不驚慌，只是點頭表示知道了。然後，他告誡左右的人千萬不要張揚這件事。

左右之人看裴中書並不是他們想像一般驚慌失措，都感到疑惑不解，猜不透裴度心中到底是怎樣想的。而更使周圍的人吃驚的是，裴度就像完全忘掉了丟印的事，竟然當晚在府中大宴賓客，和眾人飲酒取樂，十分逍遙自在。

就在酒至半酣時，有人發現大印又被放回原處了。左右手下又迫不及待地向裴度報告這一喜訊。裴度依然滿不在乎，好像根本沒有發生過丟印之事一般。那天晚上，宴飲十分暢快，直到盡興方才罷宴，然後各自安然歇息。

而左右始終不能揣測裴中書為什麼能如此成竹在胸，事後好久，裴度才向大家提到丟印當時的處置情況。他告訴左右說：丟印的緣由想必是管印的官吏私自拿去用了，恰巧又被你們發現了。這時如果傳開來，偷印的人擔心出事，驚慌之中必定會想到毀滅證據。如果他真的把印偷偷毀了，印又從何而回呢？而如今我們處之以緩，不表露出驚慌，這樣也不會讓偷印者感到驚慌，他就會在用過之後悄悄去放回原處，而大印也就不擔心失而復得。所以我就如此那般地做了。

從人的心理上講，遇到突然事件，每個人都難免產生一些驚慌的情緒。問題是怎樣想辦法控制。

楚漢相爭的時候，有一次，劉邦和項羽在兩軍陣前對話，劉邦細數項羽的罪過。項羽大怒，命令暗中潛伏的弓弩手一齊向劉邦放箭，一支箭正好射中劉邦的胸口，傷勢沉重，痛得他伏下自身。主將受傷，群龍無首。若楚軍乘人心浮動之際發起進攻，漢軍必然全軍潰敗。猛然間，劉邦突然鎮靜起來，他巧施妙計：在馬上用手按住自己的腳，大聲喊道：「碰巧被你們射中了！幸好傷在腳趾，沒有重傷。」軍士們聽了，頓時穩定下來，終於抵擋住了楚軍的進攻。

西晉時，河間王司馬冏、成都王司馬穎起兵討伐洛陽的齊王司馬顒。司馬顒看到二王的兵馬從東西兩面夾攻京城，驚慌異常，趕緊召集文武群臣商議對策。

尚書令王戎說：「現在二王大軍有百萬之眾，來勢兇猛，恐怕難以抵擋，不如暫時讓出大權，以王的身分回到封地去，這是保全之計。」王戎的話剛說完，齊王的一個心腹怒氣沖沖地吼道：「身為尚書，理當共同誅伐，怎能讓大王回到封地去呢？從漢魏以來，王侯返國，有幾個能保全性命的？持這種主張的人就應該殺頭！」

王戎一看大禍臨頭，突然說：「老臣剛才服了點寒食散，現在藥性發作，要上廁所。」說罷便急匆匆走到廁所，故意一腳跌了下去，弄得滿身屎尿，臭不可聞。齊王和眾臣看後都捂住鼻子大笑不止。王戎便藉機溜掉，免去了一場大禍。

正因為王戎很有冷靜，才身免一死。此事無疑給後人以啟示：遇事要沉著冷靜，靜中生計，以求萬全。

處世箴言

應萬變，索萬理，唯沉靜者得之。是故水止則能照，衡定則能稱。

人生不是瞬間的奇襲作戰

一些勵志大師們在強調一個人要付出十分努力方能贏得人生時，總是會舉出很多的案例，以此來例證十分努力的重要性。顯然，這些大師們忽略了一個問題：如果人生是一場戰爭的話，他們所舉出的例子只是這場戰爭中的局部戰役。在局部的關鍵戰役裡，我們固然可以傾盡全力，畢其功於一役；而在人生的長河裡，如果事事傾盡全力，只會換來精疲力竭，顧此失彼，最終事與願違，事事努力卻事事難成。

「破釜沉舟」被經常作為案例，用來激勵大家「下定決心不顧一切地血戰到底，勝利終會屬於自己」。「破釜沉舟」的典故出自於《史記．項羽本紀》：「項羽乃悉引兵渡河，皆沉船，破釜甑，燒廬舍，持三日糧，以示士卒必死，無一還心。」

西元前二〇七年，項羽率領起義軍與秦軍主力部隊在鉅鹿展開大戰。項羽人少糧缺，但他不畏強敵，引兵渡漳水。渡河後，項羽讓士兵們飽飽地吃了一頓飯，每人攜帶三天乾糧，並命令全軍：把渡河的船鑿穿沉入河裡，把做飯用的鍋砸個粉碎，把附近的房屋放把火通通燒燬。項羽用這辦法將自己置之於死地，結果卻是「而後生」。鉅鹿一戰，斷絕後路的將士們以一當十，拚死地向秦軍衝殺過去，經過連續九次衝鋒，把秦軍打得大敗。這一仗不但解了鉅鹿之圍，而且把秦軍打得再也振作不起來，項羽用他十二分的拚命，換回了一場決定生死的勝仗。

項羽的一生可謂輝煌，他生逢亂世、揭竿而起，勇冠三軍、叱吒風雲，引兵北上、逐鹿中原，問鼎咸陽、裂土封王。最終，項羽在烏江渡口拒絕了亭長邀其渡江的美意，再一次上演了「破釜沉舟」的英雄氣概。然而，這一次在烏江畔注定不會重演漳水邊的那一幕劇情，他將自己置之死地、奮勇殺敵卻沒有「而後生」——當然，這個結果是他所預料得到的。一道長劍血光為項羽的悲劇命運畫上了一個令人遺憾的句號。

滾滾長江東流去，浪淘盡千古風流人物。在項羽死後一百年，史官司馬遷破例將項羽列入「本紀」（「本紀」只收錄皇帝歷史，除項羽外，非皇帝被司馬遷列入「本紀」的只有呂后——作者注）。在司馬遷的筆下，項羽總是勇冠三軍，氣勢奪人。在一千多年後，著名女詩人李清照又為項羽寫有「生當作人傑，死亦為鬼雄」的名篇。項羽如此蓋世英雄，卻被出身於「市井無賴」的劉邦逼死於烏江之畔，原因何在？為什麼能在鉅鹿之戰顯露的勇氣與決斷，卻無法在與劉邦的對抗中顯神威？

光靠「力拔山兮氣蓋世」的「破釜沉舟」，只能偶爾贏取一場戰役，而無法贏得整個戰爭。就像在烏江邊上的項羽，縱然是「破釜沉舟」也於事無補。戰爭必須採取周密的戰術，什麼時候該休養生息，什麼時候該韜光養晦，什麼時候該一劍封喉……這些都有講究。

就像在圍棋的黑白世界裡，其實也充滿著智慧的爭鬥與人生的哲理。觀高手之間下棋，很少見到他們猛打猛衝，他們下棋一般都是慢棋、細棋。除非局勢對己非常不利，才會下些「破釜沉舟」、「背水一戰」的險招。這種險招只適用於沒有選擇、無計可施的絕境之下，也就是「死馬當作活馬醫」的孤注一擲。人生不是一場瞬間的奇襲作戰，而是一局要下幾十年的棋，下得悠一點，才會細緻些，勝算自然會大些。

處世箴言

大事難事，看擔當；逆境順境，看襟度；臨喜臨怒，看涵養；群行群止，看識見。

不勉強自己就是八分飽的實踐

有個弟子非常苦惱地問法然上人：「師父，我一心唸佛，但是不管我如何專心誠意，有時候還是免不了不知不覺地打瞌睡；您有沒有什麼辦法，幫我克服呢？」

法然上人回答：「很簡單，你只要在清醒時唸佛就可以了。」

法然上人一句非常簡單的話，其實包含了樸素的哲理，那就是：人在任何時候都不要勉強自己。

有一個非常聰慧的女孩，一直夢想成為一個鋼琴彈奏家。為了實現這個目標，她決心考上音樂學校。為此，她每天都堅持在放學回家後練鋼琴四個小時。不管多麼困多麼累，三年裡她從未打過偷懶過。

但有一天，女孩突然對於彈鋼琴產生了強烈的反感。她甚至能夠聞到她以前所從來沒有聞到過的鋼琴氣味，而且一聞就頭痛，要嘔吐。

針對這個奇怪的現象，女孩的父母百思不得其解：明明鋼琴是好好的，為什麼突然變得有氣味了？而且這個氣味只有女孩能聞到其他任何人都聞不到？

這種現象持續了很久。終於在別人的建議下，女孩的父母帶她去了一家大型的醫院。醫生的診斷是女孩患了神經官能症，病因是由於過於刻苦地練習鋼琴，潛意識中對鋼琴產生了強烈的厭惡，由這種厭惡而帶來了鋼琴有氣味的幻覺。

彈鋼琴本來就是一種可以陶冶情操的好手段，但因為這個女孩過於「痴迷」彈鋼琴，結果情操沒有得到陶冶，反而給自己的心靈帶來了傷害。

唸佛也好，彈鋼琴也好，做什麼事情都最好是順其自然，不要勉強自己。否則，過多的付出反而可能產生負面效果。

禪中自有大智慧。我們不妨再來看一節關於禪的小故事。

嚴冬將過，寺廟的空地上滿是塵土。小和尚對禪師說：「師父，快撒點種子吧，好難看啊。」

「等天氣暖和了，」禪師說：「隨時。」

立春到了，禪師買了一包草籽，叫小和尚去播種。

春風一起，草籽邊撒邊飄。小和尚慌慌張張地稟告禪師：「師父，不好了，好多種子都被風吹跑了。」

「沒關係，被風吹走的多半是空的，撒下去也發不了芽。」禪師又說：「隨性。」

小和尚剛剛撒完種子，幾隻小鳥就湊上來搗亂。「唉，種子都快被鳥吃光了。」小和尚向禪師報告。

「放心，種子四處撒落，鳥是吃不完的。」禪師揮了揮手說：「隨意。」

一場傾盆的大雨整整下了一夜，小和尚在天剛濛濛亮就跑進禪房：「師傅，這下可真完了，好多草籽都被雨水沖走了。」

「沖到哪，就在那兒發芽。」禪師面目安詳地說：「隨緣。」

幾天過去了，原本光禿禿的地面居然探頭探腦地露出一些綠意，甚至一些原來沒有播種的角落也染上了綠色。小和尚高興地向禪師報告好消息。

禪師點了點頭，說：「隨喜。」

這個禪師是個能悟道的高人，一粥一飯足矣，是典型的「兩分飽」。而生活在滾滾紅塵中的俗人，要做到他的隨時、隨性、隨意、隨緣、隨喜境界，多少顯得有些不現實。畢竟，功名的誘惑、家庭的負擔、個人的發展乃至社會的進步，都需要一定的進取、抗爭與改變的精神。八分飽的人生哲學並不提倡大家都像禪師那樣的「兩分飽」，只是希望大家在內心浮躁時、在忙得一塌糊塗時，為自己的心靈與身體保留兩分的空間，給自己一點淡定和從容。

處世箴言

從極迷處識迷，則到處醒；將難放懷一放，則萬境寬。

第八章　話忌說滿，八分正好

一言可以興邦，一言可以喪邦。說話需留有兩分餘地，不至於使自己言至極端。有進有退則措置自如，日後便更能機動靈活地處理事務，解決複雜多變的社會問題，同時也能給別人留有餘地。這樣一來的結果對彼此都有好處，雙方也都願意接受。

說話也需要留有個餘地

《左傳》中記述了這樣一個故事：鄭莊公二十二年（西元前七二二年），鄭莊公的母親武姜支持鄭莊公的弟弟共叔段發動叛亂。鄭莊公對於母親的行為非常憤怒，立下毒誓與母親武姜「不及黃泉無相見」。平定叛亂後不久，冷靜下來的鄭莊公卻為自己的毒誓後悔了——畢竟是自己的親生母親，血濃於水。他想見自己的母親，但有苦於自己先前發過的誓，不能違背。好在他的部下潁考叔幫他出了一個主意：「掘地及泉，隧而相見。」才解了鄭莊公思念母親的痛苦。

因為一句話，不得不付出了大量的人力物力「掘地及泉」來彌補，這個把話說得太死的教訓真可謂深刻。時至今日，把話說得太死太滿的現象，在我們的生活中仍是屢見不絕。諸如「這樣若不成功，我就不姓什麼」或「除非……否則我絕不……」之類的句式，在你我這些凡人的口中，多少都會有一些出現。

我們前面說過，做事要留有餘地，其實說話也是如此。大仲馬《三劍客》（*The Three Musketeers*）裡有個精彩的片段。紅衣主教黎塞留，月夜密會美女間諜，硬拉反對他的三個火槍手當保鏢。眼看火槍手嘀嘀咕咕瞎猜，黎塞留威嚴地說：「不要輕易下斷語。」事實證明，黎塞留見美人不是為了圖色，而是要她去刺殺英國首相。

生活中有很多事情我們無法預料它的發展態勢，有的也不可能全面了解事情的發生背景，所以，平日裡說話，切不可輕易地下斷言，不留餘地，使自己一點迴旋都沒有。

朋友小李在公司裡因為工作問題和同事發生爭執，小李要用A方案，他的同事要用B方案。爭來爭去誰也說服不了誰，於是決定各自按照自己的方案做。本來說好分頭行事，小李卻忍不住甩下一句：「你的方案絕對不行，你要是成功了我就不再姓李，我跟你姓！」後來的事實讓小李非常難堪：他自己的方案失敗了，而同事的方案成功了。小李當然不可能真的改自己的姓，同事也沒有再提小李改姓的話。但小李明顯感覺到了周圍其他同事對自己明顯冷淡。三個月後，同事升為本部門主管，小李只得選擇辭職。

不少人會反感一些行政官員在面對記者採訪時老是用一些模糊語言，如：可能、盡量、研究、或許、評估、徵詢各方面意見……其實，他們之所以運用這些字眼，就是應對意見的處理措施，而且是為自己留有餘地，否則一下把話說死了，一旦結果是事與願違，那該多難堪啊！

那麼，怎麼樣才能為自己留有餘地呢？

．對別人的請託可以答應接受，但不要「保證」，應代以「我盡力爭取、我試試看」等表明自己態度，卻不保證結果的字眼。

・上級交辦的事當然接受，但不要輕易說「保證沒問題」，更不能像電影裡一樣，說什麼「保證完成任務」一類的豪言壯語，而應代以「我將全力以赴」的字眼。因為現在不是戰爭時期，沒人讓你赴湯蹈火。上級要你完成的是「任務」，並沒讓你下「死保證」。這樣做是為萬一自己做不到時留條後路，而這樣回答事實上也無損你的誠意，反而更顯出你的審慎，別人會因此更信賴你！即使事沒有做好，也不會怪罪你。

・與人交惡時也不要口出惡言，更不要說出「勢不兩立」之類的絕話，除非有類似殺父奪妻之仇一類的對立。不管誰對誰錯，最好是閉口不言，即使非要說，一定要只表示自己氣憤的程度，沒必要把話說絕，以便他日如攜手合作時還有「面子」。

・不要把人看死了。像「這個人完蛋了」，「這個人一輩子沒出息」之類屬於「蓋棺定論」的話最好不要說。人的一輩子很長，變化也很多，不要一下子就做出評斷「這個人前途無量」或「這個人能力高強」的話語。

總之，說話要留有兩分餘地，使自己行不至於絕處，言不至於極端，有進有退措置自如，以便日後能更機動靈活地處理事務，解決複雜多變的問題。同時，也給別人留有餘地。這樣一來，事情的結果對彼此都有好處。

處世箴言

十語九中，未必稱奇；一語不中，則愆尤猬集。十謀九成，未必歸功；一謀不成，則訾議共興。君子所以寧默勿躁，寧拙勿巧。

實話有時候不必實說

曾經有個節目名叫「實話實說」，目的是提倡與鼓勵大家說實話。不管身處什麼年代，實話實說都是一項優秀的特質，尤其是在假話滿天飛的情況下，實話實說尤其顯得珍貴。

自古以來，古聖先賢就教導人要誠實。誠實，固然重要，但人生若單靠老實，而不知變通，是無法生存的。「事實」和「真實」有時是不同的。

某雜誌舉行了「謊言是美好的調味料」的徵文，據說應徵的信件有好幾千封。其中選登的文章中，有一篇令人記憶深刻。現簡單介紹如下。

九月初開學了，在新的班級，老師正在黑板上寫字。一個男學生突然站起來，悄悄地走出了教室。

當他回到教室時，令大家大吃一驚。他拿著裝滿水的一個飯盒，站在一個女孩的後面，往她身上澆了下去。座位附近的孩子大叫著紛紛逃避。對這一連串的怪異事情，老師完全不能理解，甚至忘了生氣，只是不知所措地站著。

下課後，老師把那個搗蛋的男生叫到辦公室，想問出理由，但這學生一句話也不說。直到施加了很大的壓力，男同學才回答：「因為不喜歡她。」但這實在不能構成課堂淋水的理由。老師沒有辦法問出真相，只好令這個男同學寫份悔過書並道歉了事。

三年後，這批學生就要畢業了。老師發現淋水事件中的男同學一個人在操場上徘徊，就問他：「現在可以說了吧！告訴我，當初做那件事的真正理由。」結果他有一點尷尬地說出了事情的原委。

那天上課時，他發現坐在斜前方的女同學一直坐立不安。最初不明白是什麼，後來感覺她好像是忍著想上廁所，不禁為她緊張，心裡想怎麼不趕快告訴老師呢？可是才一下子該同學就失禁了，地板開始潮溼。一看到這種情形，他馬上站了起來……

後來，為了要保護女同學的面子，他不得不說謊，並寫悔過書、道歉。

美國舞蹈家鄧肯（Isadora Duncan）是十九世紀最富傳奇色彩的女性，熱情浪漫外加叛逆的個性，使她成為反對傳統婚姻和傳統舞蹈的前衛人物。她小時候更是純真、坦率得令人尷尬。

一年聖誕節，學校舉行慶祝大會，老師一邊分糖果、蛋糕，一邊說著：「看啊，小朋友們，聖誕爺爺替你們帶來了什麼禮物？」

鄧肯馬上站起來，嚴肅地說：「世界上根本沒有聖誕爺爺。」

老師雖然很生氣，但還是壓住心中的怒火，改口說：「相信聖誕爺爺的乖女孩才能得到糖果。」

「我才不稀罕糖果。」鄧肯回答。

老師勃然大怒，罰鄧肯坐在前面的地板上。

在上面兩則故事中，第一個故事中的男孩說了謊話，但誰會不為他謊話的幼稚理由而叫好，而感動呢？至於鄧肯實話的大煞風景，又有誰會喜歡？鄧肯年幼，童言無忌，或可原諒，但在成年人生活中一些看似坦率的實話，有時實在沒有必要全部實說。有時候，善意的謊言是生活的希望，是沙漠中的綠洲。在美國著名作家歐·亨利（O. Henry）的小說《最後一片葉子》（*The Last Leaf*）裡，講述的就是一個善意的謊言的故事。當生病的老人望著凋零衰落的樹葉而淒涼絕望時，充滿愛心的畫家用精心勾畫的一片綠葉去裝飾那棵乾枯的生命之樹，從而維持一段即將熄滅的生命之光。這難道不是善意謊言的極致嗎？

生活中，如果追求百分之百的誠實，在直來直去的接觸中，難免會有人受傷。說話時留點空隙，作為適度的緩衝，人際關係才能順暢地運轉。八分飽的人生哲學提倡：在人與人交流時，不必做到事事都講「十分」的實話，應該給善意的謊言留兩分空間。正如古人所說「攻人之惡毋太嚴，要思其堪受；教人以善毋過高，當使其可從。」一樣，我們不論是說「謊言」還是說「實話」，一定要注意表達方式，要讓別人能接受或是能做到。

處世箴言

病從嘴入，禍從口出。吉人之辭寡，躁人之辭多。喪家亡身，言語占八分。

言多必失，沉默是金

釋迦牟尼佛曾在蓮花池上，面對諸位得道弟子，突然拈花微笑。眾人不解其意，而只有迦葉尊者領悟了佛祖的意思，他會心一笑，於是就有了禪宗的起源。孔子觀於后稷之廟，有三座金鑄的人像，就在它的背上銘刻了幾句名言：「古之慎言人也，戒之哉！無多言，無多事。多言多敗，多事多害。」

釋迦牟尼佛作拈花微笑，孔子銘刻「無多言，無多事」，這兩位東方聖人的行為寓意深刻，它勸誡人們：為人寧肯保持沉默寡言的態度，不驕不躁，狀若笨拙，也絕不可以自作聰明，喜形於色，精明外露。

有這樣一首詩寫道：「緘口金人訓，兢兢恐懼身。出言刀劍利，積怨鬼神嗔。緘默應多福，吹噓總是蠢。」善於掩飾自己的個人看法，同時又不讓他人覺得你深不可測，從而集中心思與力量來對付你。這便是「沉默是金」的道理。

喜歡表達自己的見解是常人的習慣。有水準與沒有水準的人，知道與不知道的人，見過世面與沒見過世面的人，都愛如此。發生了一件事情，我們都喜歡議論；看了一部電影，我們都喜歡評論；有什麼與我們利益相關的事，我們更是說得沒完沒了；如果有人請教我們，我們會當仁不讓地說三道四。一有說話的機會（或者一爭取到說話的機會），便滔滔不絕，眉飛色舞地海談起來。其實，忘情於口舌之欲，並不是一件好事，很多聖賢都發現了這個道理，因此，他們寧肯選擇緘默守聲，不去輕易表達自己對外界事物及其他人的看法。這裡面有著很深的道理和覺悟，但上天偏偏安排我們這些凡夫俗子悟不出此道。因為，一旦悟出此道，那就離聖人不遠了。

關於「沉默是金」還有一個有趣的笑話。說的是古代有一窮秀才於鬧市中見遺金一塊，乃急步趨前，用腳踩住，視左右無人，方蹲下佯裝穿鞋，隨即拾金納入袖中。秀才自始至終皆沉默無語，故無人爭搶，順利得金。秀才得金後回到家中，為自己當時沒有聲張而暗自竊喜，於是研磨揮毫，在中堂題四大字：沉默拾金。鄰人覺得「沉默拾金」頗為怪異，就問秀才為何在中堂書此四個字。秀才如實告之。幾天之後，秀才拾金的消息就傳遍四鄉，前來認領的「失主」者頗眾。有哀求歸還的，有要橫強索的，有分成共享的……凡此種種，不一而足。秀才不堪其擾，非常後悔拾金之後沒有保持沉默。過了幾天，衙門裡來了人，將秀才所拾的金沒收，方才解平息了紛擾。一筆橫財得而復失，秀才十分鬱悶，他望著中堂橫幅，思索良久，提筆再書四字：沉默是金。墨乾後將其懸於臥室牆上，以為戒。

將失物占為已有的行為當然是錯誤的，但這並不妨礙我們將這個笑話所傳遞的思想去蕪存真，吸取其中「沉默是金」的可貴營養。

在佛教中，「沉默」具有其特殊的意義。當年文殊法師問維摩詰有關佛道之說時，維摩詰一言不發。維摩詰的沉默，在後來的禪師們看來「如雷聲一樣使人震耳欲聾」。這種「如雷的沉默」，猶如臺風中心，看似無聲無力，卻是力量的源泉。如果我們拋開略顯晦澀的禪宗教義，從老子的「大辯若訥」以及莊子的「不言而言」中仔細領悟，都可以感知古代先賢對於沉默的推崇。

《鬼谷子．本經符》中有云：「言多必有數短之處。」這就是成語「言多必失」的出處。為什麼言多必失，我們可以從兩個角度來分析這個問題。首先，任何一個人都客觀存在一定的語言失誤率，從機率的角度來說，「言」的基數越大，失誤的絕對數目就會越大；其次，言語過多，難免把時間與精力側重在了「說」上，給思考留的時間與精力過少，必然會增加了語言的失誤率。

言多必失，沉默是金。一個人唯有靜下心來，才能集中精力，才能心地空澄，才能明察秋毫之末，才能多聽、多看、多想，才能不鳴則已，一鳴驚人。而且，因為你恰如其分的沉默，無疑給別人留下了足夠廣闊的想像空間，而你則不如做一個好聽眾、好觀眾，這樣無疑是會贏得別人的好感與尊重的。

值得指出的是，對沉默是金這句話當然也不應機械地去理解。什麼都不表態，什麼都保持沉默，這並非一種積極向上的人生態度。在人生的道路上，很多時候，到了「該出口時就出口」的地方，沉默就不再是金。所以沉默要恰到好處。火候不足，內不足以修身養性，外不足以親切感人；火候過老，顯然已是身如槁木，心若死灰，又何來生趣呢？

總之，我們不能因為沉默而沉默，沉默不是終的目的。沉默的最終目的是為了把該說的話說好，把不該說的話鎖住。只有這樣，沉默方才是金。

處世箴言

緘口金人訓，兢兢恐懼身。出言刀劍利，積怨鬼神嗔。緘默應多福，吹噓總是蠢。

含糊應對，不留把柄

李經理宣布了一份新的業績考核制度，對薪水構成進行了一次很大的改革，引起了公司銷售部不小的震動。銷售部裡的人為此議論紛紛，多數叫好，少數人反對。正在大家踴躍各抒己見之時，李經理走了進來。大家頓時住嘴，各忙各的活。李經理當然知道這些人在討論什麼，他想借這個機會整頓反對這項措施的人。

於是，他當著大家的面，問資歷最淺的銷售員小趙：「小趙，對於新的業績考核，大家的觀點怎樣？」

「經理，有的贊成，有的反對。」小趙回答。

「哦？那你的態度是……」李經理設下了套子。

「經理，我贊成同事們的觀點。」小趙不卑不亢地避開了陷阱。

小趙的回答很高明，我們現在分析一下他的高明之處。首先，在李經理問「大家的觀點怎樣」這個問題時，小趙選擇了基本如實的匯報，即「有的贊成，有的反對」。但他沒有畫蛇添足地具體說明「多數贊成」和「少數反對」。他如果說得太具體了，勢必招來反對方的怨恨。接下來，面對李經理設下了套子「你的態度是……」，小趙更是不敢怠慢。我們姑且不論他的態度如何，總之不論他答「贊成」還是「反對」，都會招來一些同事的怨恨。而且，他回答贊成吧，難免有人懷疑他拍馬逢迎；說反對吧，正好被李經理抓個典型殺雞駭猴。所以，他將模糊語言進一步發揮，用「我贊成同事們的觀點」輕易地化解了危機。

也許有人會擔心：這樣的回答會不會惹惱李經理？其實這個擔心是多餘的，滴水不漏的人誰都喜歡，何況作為銷售部門，更需要這種人才。而且，小趙的閃避回答，絲毫不影響李經理改革原有業績考核制度的步驟。李經理有了這個答案，已經可以信心十足地表示自己的觀點了。

順便提一個問題，如果李經理在得到「有的贊成，有的反對」的答覆後，緊接著問：「哪些人贊成，哪些人反對」，讀者朋友不妨設身處地想一想，要是你是小趙會怎樣回答呢？我們將在本節末提供參考答案。

模糊語言也叫外交辭令。有些人老實忠厚，不善外交辭令，他們認為外交辭令是政治家的事，在日常生活和工作中用外交辭令沒有必要。事實上，外交辭令在任何場合都大有用處。

外交辭令是運用不確定的、或不精確的語言進行交際的語言表達方式，在公關語言中運用適當的外交辭令，是一種很好的「鐵布衫」防身術。外交辭令主要表現在對難以正面回答問題的含糊上。

錢鍾書先生是個自甘寂寞的人，居家讀書，閉門謝客，最怕被人宣傳，尤其不願在報刊、電視中揚名露面。他的《圍城》再版以後，被拍成了電視，在國內外引起轟動，不少新聞機構的記者都想約見採訪他，均被錢老執意謝絕了。有一天，一位英國女士好不容易打通了錢老家的電話，懇請讓她登門拜見。錢老一再婉言謝絕沒有效果，他就妙語驚人地對英國女士說：「假如你看了《圍城》像吃了一顆雞蛋，覺得不錯，何必要認識那隻下蛋的母雞呢？」那位女士只好放棄了採訪的打算。

錢先生的回話，首句語義明確，後續兩句「如果吃了一顆雞蛋覺得不錯」和「何必要認識那隻下蛋的母雞呢」雖是借喻，但從語言效果上看，卻是達到了「一石三鳥」的奇效：其一，是屬於語義寬泛、富有彈性的模糊語言，給聽話人以尋思悟理的伸縮餘地；其二，在與外賓女士交際中不宜直接明拒，採用寬泛含蓄的語言，顯得有禮有節；其三，更反映了錢先生超脫盛名之累、自比「母雞」的這種謙遜淳樸的人格之美。一言既出，不僅無懈可擊，且又引人領悟話語中的深意，令人敬仰錢老的道德與大家風範。

看到這裡，讀者朋友們在會心一笑的時候，是否也有了我們前面問題的答案。在這裡，筆者提供的參考答案是——面向同事發問：「剛才是哪些人贊成的，哪些人反對的？」將燙手的山芋丟給同事卻不留絲毫把柄。也許聰明的讀者還會有更好的答案，那麼恭喜你，你的說話技巧非常高超了！

最後，筆者還需補充的是：模糊式的外交辭令只能在需要的時候偶爾用一用。總是用這種語言的人，會因為虛偽而得不到他人的信任。就像我們例子裡的小趙，如果是單獨與經理討論這個問題，如果他的確覺得有必要發表自己的看法，完全可以坦承自己的觀點；不過對於同事的觀點，還是不能過於具體落到具體的人身上，要適當運用模糊語言。

處世箴言

甘人之語，多不論其是非；激人之語，多不顧其利益。

不要輕率地許下諾言

某中學主任向學校教師許諾說，要讓他們之中三分之二的人通過教師評鑑。但當他向學校申報時，出了問題，學校不能給他那麼多名額。他據理力爭，跑得腿酸，說得口乾，還是解決不了問題。他又不願意把情況告訴系裡的教師，只是一面努力爭取，一面硬著頭皮對他們說：「放心，放心，我既然答應了，一定要做到。」

最後，評鑑結果公布了，眾人大失所望，把主任罵得一文不值。甚至有人當面指著他說：「主任，我的評鑑呢？你答應的呀。」而校長也批評他是「本位主義」。從此，主任在學校信譽掃地。

其實，這個主任完全應該把名額的問題告訴大家，誠懇道地歉說：「對不起，我原先沒想到。」並把每次努力爭取的情況也向大家轉述。這樣，即使人們開始有些怪他信口開河，但也會諒解他。

由此看來，有許多諾言是否能兌現得了，不只是決定於主觀的努力，還有一個客觀條件的因素。因此，我們在工作與生活中，不要輕率許諾。許諾時不要斬釘截鐵地拍胸脯，應留一定的餘地。當然，這種留有餘地是為了不使對方從希望的高峰墜入失望的深谷，而不是給自己不作努力打埋伏。

另外，有些人口頭上對任何事都「沒問題」、「一句話，包在我身上」，一副一手包辦的模樣；可是，嘴上承諾，腦中遺忘，或腦中雖未遺忘，但不盡力，辦到了就吹噓，辦不到就噤若寒蟬。這種把承諾視作兒戲，是對他人的不負責行為，要不得，遲早得為人所拋棄。

輕易對別人許諾，說明你根本就沒詳細考慮事情可能遇到的種種困難。這樣，困難一來，你就只會乾瞪眼，從而給人留下「不守信用」的印象。許諾越多，問題越多。所以，老子有「夫輕諾者必寡信」的斷言。

我們答應幫別人辦事，先要看自己能不能辦到。對於那些有點權力的人更應該注意，因為你有權，托你辦事的人相對就多，這時你應該思考策略，不能輕易答應別人。有的人托你辦的事可能不符合常理，這樣的事最好不要許諾，而要當面跟朋友解釋清楚，不要給朋友留下什麼念想。不然，朋友會認為你不給辦事。有的朋友找你辦的事可能不違反道德，但確有難度，就跟朋友說明，這事難度太高，我只能試試，能不能成功很難說，你也不要抱太大希望。這樣做是給自己留有餘地，萬一沒成功，也會有個交代。

當然，對於那些舉手之勞的事情，還是應該滿口答應的。只是在答應了後，無論如何也要去辦好，不可今天答應了，明天就忘了，待朋友找你時，你會很不好看。

我們在這裡強調不要輕率地對朋友做出許諾，並不是一概不許諾，而是要三思而後行。盡量不說「這事沒問題，包在我身上了」之類的話，給自己留一點餘地。順口的承諾，只是一條會勒緊自己脖子的繩索。

為人處世，應當講究言而有信，行而有果，因此不可隨意承諾。聰明的人會事先充分地衡量客觀條件，盡可能不做那些沒有把握的承諾。須知，承諾了就必須努力做到，千萬不可因一時事急，亂開「空頭支票」，愚弄對方。因為你一旦食言，對方一定會十分惱火。

萬一因情況有變而無法實現自己原來的承諾，也應向對方說明原委，並誠懇道地歉，以求得對方的原諒和理解。

處世箴言

馬先訓而後求良，人先信而後求能。

留個角落隱藏自己的祕密

「逢人只說三分話，不可全拋一片心」——這是老祖宗留給我們的醒世明喻，警告那些心不設防的老實人，不要將自己的內心完全裸露出來。

我們知道，心是人最為重要的一個器官，一旦遭到傷害，後果不堪設想。所以在古代打仗時，將領們厚厚的盔甲上都會有一塊銅製的護心鏡，以最高規格保護心臟免遭襲擊。

相對有形的傷害，對於心的無形傷害更加令人難以防備，難以承受。有一些內心不設防人心裡藏不住事，對人喜歡掏心掏肺。這種內心不設防的人，在生活中最容易受到的傷害。其具體表現在以下幾個方面。

．**被奸人所用**：害人之心不可有，防人之心不可無。每個人的關鍵計畫、心事與隱私，大都不適宜公開。向別人真誠的傾訴，有可能在某一天被人拿來當成攻擊或要挾你的利器。把自己的祕密全盤地告訴給他人，其實就是親手為自己埋下一顆引信在他人手裡的「炸彈」。你掏心掏肺對別人，別人有一天會真的掏走你的心肺。

．**使好人遭罪**：你將一個祕密告訴了張三，張三或許會感謝你的信任。在感激你的信任之後，他要背上為你守口如瓶的責任，生怕自己一時不慎將你的祕密說了出去。這種代人保守祕密的責任，實在是一種沉重的負擔。更要命的是，如果你的祕密哪一天洩露了（也許你還告訴了李四，也許只是別人的猜測巧合了祕密），張三將為此背上一個「莫須有」的洩密罪。即使你表明自己如何肯定不是張三洩密，張三的心裡都會有陰影。因此，很多明智的人並不喜歡別人對自己掏心掏肺，因為他們知道保守祕密的責任太重。

・**產生不必要的惡果**：也許有人小時候偷過錢、做過錯事，這些事情過去了就過去了，汲取教訓就行了。如果一定要拿來和她丈夫（妻子）或好友說，非常容易產生一些不可預料的後果。也許對方會想：原來你竟然是一個這樣的人，看來……於是，愛情遠去，友情淡漠。

・**難以取得他人的信任**：也許你會想看，我多麼信任你，什麼都和你說了，你也應該信任我才對。然而對方卻不一定會信任你，相反可能會更加提防你。因為任何人只要稍微動一下腦子，就知道口風不嚴的你，隨時都有可能將別人和你說的話到處傳播。

・**失去了個人魅力**：距離產生美。一個讓別人一覽無餘的人，就像一本內容淺白沒有韻味的書，激不起別人閱讀的興趣。很多影視明星之所以對「狗仔」們躲躲閃閃，就是為了保持一種神祕感，以激起「粉絲」們追星的熱情。倘若他的一切被公布的世人皆知，恐怕他也就不會有追星族了，因為他失去了個人魅力。

・**引起他人的懷疑**：你對別人掏心掏肺，別人的心裡可能會打小算盤。為什麼要對我說這些？是不是也想套出我的一些祕密？是不是有求於我？

古人云：逢人只說三分話，未可全拋一片心。老祖宗的只說「三分」，雖然是一個不具備數學意義的模糊數字，但只說「三分」還是少了。因為城府過深、不可捉摸的人，並不受到這個社會的歡迎。

八分飽的人生觀認為：逢人只說八分話，未可全拋一片心。當然，這個「八分」同樣是一個不具備數學意義的模糊數字。與說「三分話」相比，說「八分話」所表現出來的是對人性的更加樂觀、對自己的足夠自信以及對世界的更加真誠。

處世箴言

遇沉沉不語之士，切莫輸心；見悻悻自好之徒，應須防口。

要黃金法則還是白金法則

如何讓自己口吐芬芳？通常的人際關係的黃金法則提出的方法是：你希望別人怎樣對你，你就如何對待別人。具體到說話的要求就是：你喜歡聽別人說什麼話，你就和別人說類似的話。而人際關係白金法則認為：別人需要什麼，你就投其所好。具體到說話，其要求則是：根據各人的喜好，有針對性地投其所好說話。

黃金法則比白金法則在操作性上要相對容易些，但白金法則在融洽人際關係的效果來說要大於黃金法則。投入和產出是成正比的。雖然白金法則的效用大，但筆者認為，一般人能按黃金法則的要求推己及人就足夠了，貫徹白金法則將會使本來就活得不輕鬆的我們更加累。為什麼要成天研究別人的喜好呢？為什麼要總跟著別人的指揮棒下走？

而且，華人大多數歷來處世謹慎、防範心理強，你若對某個人言辭過於投其所好，他多半會心生戒備。尤其是不太熟悉的人，對方會心裡思索：這人該不是要我幫什麼忙吧？或者是有什麼企圖？——這種弄巧成拙的結果，並不少見。

因此，在說話一課上，我們做到「黃金」級別就行了，沒必要為了「白金」而喪失自己心靈的自由——這也是我們八分飽人生哲學所一直提倡的人生觀，同時還可以避免不必要的誤會。

處世箴言

神人之言微，聖人之言簡，賢人之言明，眾人之言多，小人之言妄。

尖酸刻薄的話傷人害己

西元一八二五年，沙皇尼古拉一世（Nicholas I of Russia）剛剛登基，就爆發了一場反對他的叛亂。尼古拉一世平定了這場叛亂，並將抓獲的叛亂領袖李列耶夫判處絞刑。

在行刑的那一天，發生了一件奇怪的事情。李列耶夫在絞刑架上還沒有斷氣，勒在脖子上的繩索居然斷裂了！

在當時，執行絞刑時的繩索斷裂被當成是上帝恩寵的旨意，犯人因此能夠得到赦免。

李列耶夫在恍惚中摔落在地，他睜開眼睛，看了看四周驚訝無比的圍觀者。在確信自己保住了性命後，李列耶夫掩蓋不住內心的喜悅，興奮地對著人群大喊：「你們看，在俄國他們不懂得如何正確去做任何事，甚至連製造繩索也不會。」

一名信使立刻前往宮殿向沙皇報告行刑失敗的消息。雖然懊惱於這令人失望的變化，尼古拉一世還是依照慣例提筆簽署赦免令。

「奇蹟發生之後，李列耶夫有沒有說什麼？」沙皇好奇地問信使。

「陛下，」信使便回答，「他說俄國人甚至不懂得如何製造繩索。」

「哦？這種情況下，」沙皇頓了頓，說，「我們有必要證明事實正好相反。」

於是沙皇撕毀了赦免令。

第二天，這個叫李列耶夫的幸運兒再度被推上絞刑臺。很顯然，這一次他的好運氣不會在來了，行刑人為他準備了一條足可以吊死一頭大象的繩索。

禍從口出，李列耶夫其實是死於自己他刻薄的嘴下。不知道第二次站在絞刑架下的李列耶夫，是否會後悔當初的刻薄。

在臺北縣（今新北市）一家三口滅門的血案在警方鍥而不捨的偵緝後，已宣告偵破。兇嫌鄧笑文被捕後，坦承因受被殺的蕭崇烈「譏諷」而萌發殺機，並在行兇後擔心事情敗露，再殺其妻女滅口。

鄧笑文供認：兩個月前，死者蕭崇烈用刻薄的話刺激他、恥笑他，並用手指指他胸前，笑他「沒什麼用」，工作那麼久了，仍然是「幫人打工」，不像其他人沒多久就當了老闆。對這樣的「譏諷」，鄧笑文懷恨在心，後來蕭某只要與他碰面，就不斷嘲笑他，致使他萌生殺人洩恨之心。

據警方表示，兇嫌鄧笑文心智健全，但因受到對方不斷的譏諷和嘲笑而殺人，這成為歷年來滅門血案的特殊案例，頗值得人們反思。

言辭起衝突而萌生殺機的情況，在其他國家亦有所聞。法國巴黎有一名「美食專欄作家」，經常在文章中特別讚譽某家餐廳，或嚴詞批評某些餐廳的菜餚。有一次，此專欄作家在專欄中對一餐廳的菜色做出了「像豬食一樣」的刻薄評論，以致激怒了餐廳老闆。該老闆事後特別邀請該美食專欄作家去試吃「精緻美味的佳餚」，不料美食專家吃完後暈倒在地，送到醫院時已經氣絕身亡。餐廳老闆被警方逮捕收押後，坦承自己故意在美食中下了毒，他說：「批評我們的美食像豬食的人都該死！」

在我們身邊，說話尖酸刻薄的人並不少見。這類人中甚至有的人其實是「豆腐心」，只是管不住自己開合的嘴，讓刀子從嘴裡一把一把地飛出來。為什麼要字字句句直逼對方的要害呢？是為了突出自己的伶牙俐齒，還是為了顯示自己的權威？

尖酸刻薄的話，傷在人的心上，是看不見的暗傷。看得見的明傷好治療，看不見的暗傷難痊癒。嘴上損人是需一句話，別人記恨或許是一輩子。一個尖酸刻薄、處處樹敵、遭人記恨的人，我們很難想像他會與成功和幸福有緣。

一則法國諺語說：「語言造成的傷害比刺刀造成的傷害更讓大家感到可怕。」布雷姆夫人在其《家》一書中說：「老天爺禁止我們說那些使人傷心痛肺的話，有些話語甚至比鋒利的刀劍更傷人心；有些話語則使人一輩子都感到傷心痛肺。」

那些懂得八分飽的人在說話方面也如同在任何其他事情方面一樣，總是注意自我克制，總是避免心直口快、尖酸刻薄，絕不以傷人感情為代價而逞一時口舌之快。比如，有的人在工作中看到別人事情做不好時，他不會在旁邊指手畫腳，說三道四，更不會把別人趕走，顯示他有多厲害，而是很客氣地說：「讓我試試看怎麼樣？」這樣說了，即使在接下來的工作中做不好也不會丟面子；如果做得好，即使別人嘴裡不說，心裡也會佩服他。尤其是他沒傷別人的面子，又替別人解決事情，別人於是從心底認為這個人「夠意思」，做人穩重，扎實，又有真本事。

良言一句三冬暖，惡語傷人六月寒。某高僧在給其弟子的一封信中寫道：「禍從口出而使人身敗名裂，福從心出而使人生色增光。」它的意思是：有時說話的人並無惡意，但對聽者而言，卻可能是傷及其自尊心的惡語，所以勸誡人們，說話應謹慎，只說該說的話。

說話得體，則讓人高興；尖酸刻薄，只會讓人傷心。一句話就是同一個意思，出自兩個人之口，聽起來也有區別。你自己信口開河，根本意識不到會傷害他人，但別人認為你是有意的，俗話說「口乃心之門」，你明顯是故意傷害他。

馬克·吐溫(Mark Twain)曾說：「一句讚美的話，可以讓人高興兩個月。。」——這是極有意思的。其實，你我又何嘗不是如此呢？既然我們的一句好話，就可能暖人心肺，贏得人心，那麼我們何不一試呢？須知，這其實也是在幫助我們自己啊！

處世箴言

好談閨閫，及好譏諷者，必為鬼神所怒，非有奇禍，則必有奇窮。

下篇

八分飽的人生哲學，提倡的是和諧的、有彈性的生活方式。凡事留個餘地，則造物不能忌我，鬼神不能損我；反之，若業必求滿，功心求盈，不生內變，必招外惱。

深得八分飽人生哲學之味的人，能役人役物，而不被人物所役。他們在繁雜紛擾的社會中，始終保持冷靜進取、高蹈輕揚的人生態度。

第九章　職場如何運用八分飽哲學

地不畏其低，方能聚水為海；人不畏其低，方能孚眾成王。世間萬事萬物皆起之於低，成之於低。低是高的發端與緣起，高是低的嬗變與演繹。

要想高成，須得低就

驛路斷橋邊，寂寞開無主。被人忽略，在公司坐冷板凳的日子真不好過。

由於被人忽略，有些人會想盡辦法、利用或製造很多機會表現自己。如說話標新立異，行動好出風頭，甚至做出一些出格的事情。寧願受到懲罰，也不甘心被人忽略，這種心態存在於不少人的潛意識中。

一分耕耘就一定會有一分收穫嗎？非也。付出與回報之間的關係有時沒有那麼簡單。很多時候，無論你怎麼努力，你都無法使自己很出色。正如歌中所唱：「有些人你永遠不必等」——有些事情你永遠做不好，有些人你一輩子也趕不上。經歷了許多磕碰與失望後，也許你會逐漸明白：原來人總難免被人忽略。於是你的心境變得平和，性格變得穩重。對許多事情也能看得很開，對那些很好強很年輕的行為，總是寬容地一笑。這樣，你也就學會了被人忽略。

由於學會了被人忽略，也使你成熟。你覺得天比以前更高了、更藍了。生活多了好些滋味。你的心情輕鬆愉快，你的工作更有成效。你不僅更熱愛生活，也開始享受人生。當你終於學會了被人忽略，你卻奇怪地發現：你的冷板凳已經坐熱……

不少大學生、研究生在從事一些不起眼的工作時，總是感到憤憤不平，認為這是在庸庸碌碌，是浪費青春。在這些情緒當中，我們可以看到一些可貴之處，那就是不願意平庸，而願意有所作為。但是換一個角度，即從對上級的尊重和服從的角度來說，上述情緒也許包含了許多不可取因素。那就是不願從小事做起。何況上級的安排也許是讓你熟悉公司的工作流程以便對你委以重任，或許是在考驗你工作的態度。

對任何一個機構來說，泡咖啡、掃地、跑腿、傳遞訊息、接電話、接待來訪等等，這些事總是要有人做的。後勤工作構成了承辦事人員、機關科室人員正常工作的組成，所以說欲做大事必須從小事做起，大事孕育於小事之中。

尼采曾說過：「一棵樹要長得更高，接受更多的光明，那麼它的根就必須更深入黑暗。」正像樹一樣，一個人要想成功，則要把心放在高處，把手放在低處——即透過一個個具體的行為去實現自己的遠大之志，而不是好高騖遠，總讓自己飄飄然。這才是成大事必備的一種素養！

一個人若想成功，不可避免地要接受一些現實生活中出現的問題、壓力、錯誤、緊張、失望——這些都是生活中的一部分。但事實上，卻有許多人覺得，這些無法應付生活對我們的要求。

古羅馬大哲學家西塞羅（Marcus Tullius Cicero）曾說過：「想要達到最高處，必須從最低處開始。」這是一個相當不錯的建議。把自己的位置放得低一點，腳踏實地，站穩腳跟，然後一步步登攀，才更有把握到達巔峰。正如一位哲人所言，很多高貴的特質都是由低就的行為達成的。要想高成，須得低就。

十分風光當然誰都想要，但正因為誰都想要，所以不是誰都要就能到手的。被忽略就被忽略吧。地不畏其低，方能聚水為海；人不畏其低，方能乎眾成王。世間萬事萬物皆起之於低，成之於低，低是高的發端與緣起，高是低的嬗變與演繹。

處世箴言

蓄不久則著不盛，積不深則發不茂。伏久者，飛必高；開先者，謝獨早。

明槍要躲，暗箭需防

剛走出大學校門的小劉，憑藉扎實的電腦技術入職一家電腦公司。剛進這家公司的時候，每位同事們都很忙，很少有人和他交談。

就在小劉默默地開始自己的職場生涯時，同事大李向小劉向他伸出了友誼之手。大李非常熱心地照顧著小劉，兩人很快就成了好朋友。好朋友之間說話當然會沒有那麼多的顧忌，一開始，是大李經常在小李面前發牢騷，說公司這也不是那也不是。時間一長，小劉受到了大李的感染，也開始看這不順眼看那不順眼。

在一次公司的例會上，小劉因為事先受到大李的慫恿，和公司主管起了衝突。雖然是為了公事，但這多少還是影響了主管與小劉的關係。

不久，公布了技術人員的出國進修名單，名單上寫的是大李的名字。原本也有出國進修可能的小劉這才恍然大悟，原來自己中了暗箭了！

上面所說的小劉，就是一個「十分飽」的受害者。處身職場江湖，三十六計，計計層出不窮，你傻傻地沒有幾分防備之心，不中箭才怪呢。初入社會的你也許不屑於運用所謂的「伎倆」，但對於小人的這種伎倆還是要保持警惕的。俗話說「明槍易躲，暗箭難防」，我們該如何防備明槍暗箭？

辦公室不可隨便交心

《孫子兵法．國形篇》中說：「善守者，藏於九地之下。」意思是說，善於防守的人，像藏於深不可測的地下一樣，使敵人無形可窺。與同事交往，也要謹以安身，避免成為別人攻擊的目標。

在現實中，正人君子有之，奸佞小人亦有之；既有坦途，也有暗礁。在複雜的環境下，不注意說話的內容、分寸、方式和對象，往往容易招惹是非，授人以柄，甚至禍從口出。人只有安身立命，適應環境，才能改造環境，順利地走上成功之路。因此，說話小心些，為人謹慎些，對避開生活的地雷，使自己置身於進可攻、退可守的有利位置，牢牢地掌握人生的主動權，便是有益的。況且，一個毫無城府、喋喋不休的人，會顯得淺薄俗氣，缺乏涵養而不受歡迎。西方有句諺語說得好：「上帝之所以給人一個嘴巴、兩只耳朵，就是要人多聽少說。」我們常說「平生最愛魚無言，遊遍江湖少是非」，其實是一樣的道理。

孤軍作戰，要注意保存自己

在公司裡，同事之間為了各自的利益，往往會互相猜忌，爾虞我詐。身處這種環境，就有如深入敵後孤軍作戰一樣，而孤軍作戰的最高原則就是「保存自己，消滅敵人」。

許多力爭上游的同事，很注意將對手打倒，卻不善於保存自己，這是不足取的。一方面要友好競爭，一方面要在眾人的競爭中保存自己，在勢孤力單的情況下，要夾緊尾巴，千萬不要露出想向上晉升的樣子，成為眾矢之的。俗話說：「不招人忌是庸人。」但在一個小圈子裡，招人忌是蠢材。在積極做事的時候，最好擺出一副「只問耕耘，不問收獲」的超然態度。

不要在同事面前批評上司

不論多麼值得依賴的同事，當工作與友情無法同時兼顧的時候，朋友也會變成「敵人」。在同事面前批評上司，無疑是白白丟把柄給別人。就算聽你傾訴的同事和你肝膽相照，不會做出賣你的事情，但也得小心「隔牆有耳」啊！

切勿自揭底牌

在辦公室內，不論你平時表現得如何親切，也會有人視你為升遷的障礙，或無端地被人當成敵對的目標。所謂「不招人妒是庸才」，所以，也不用把這些不快之事放在心上。同事間能和平相處，自是最好不過；但如果敵意不可避免，便要小心應付，尤其對手是公司的元老時更要留意，因為他的工作能力或許不及你，但對公司的了解，對人事之間的微妙關係，則往往勝出你許多。在這時最重要的是不要讓他知道太多有關你的資料，包括你的背景、學歷、進修情況，與各部門主管的關係及手上工作的進度等。

讓你的對手知道越少，他就越不敢大膽進攻。

善用擬態和保護色

在動物世界裡，「擬態」和「保護色」是很重要的生存法寶。「擬態」是指動物或昆蟲的形狀和周圍的環境很相似，讓人分辨不出來。例如枯葉蝶，當牠停在樹枝上時，褐色的身體就像一片枯葉一樣，如不細看，根本發現不了牠。「保護色」是指動物身體的顏色和周圍環境的顏色接近，當牠在這個環境裡時，牠的天敵便不易找到牠。比如蚱蜢愛吃農作物，牠的身體是綠色的，這顏色便是牠的保護色。

因為有「擬態」和「保護色」，大自然的各種生物才能代代繁衍，維持基本的生存空間。而一般來說，具有擬態的生物往往兼有保護色，其生存條件較只具保護色的生物要好。

初入新公司，應盡量入鄉隨俗，認同這個公司的文化，隨著這個公司的脈搏跳動和呼吸，也就是說，遵守公司的「規矩」和價值觀念。也就是說要尋找「保護色」，避免自己成為與周圍環境格格不入的另類人物，否則會造成別人對你的排斥和排擠。如果你鶴立雞群，特立獨行，自以為是，那麼你在工作中處處受掣肘的感覺就會相伴而生。當你表現的顏色和周圍環境取得協調後，你也就成為這個環境中的一分子而達到「擬態」的效果了。

「擬態」的特色之一是靜止不動。有保護色，又靜止不動，那麼誰都不會注意你，你也就能免遭許多麻煩。因此在社會生活中，為了避免不必要的災禍，必須嚴守「靜止不動」的原則，也就是說，不亂發議論，不顯露你的企圖，不結黨結派，好讓人對你「視而不見」，那麼就可以把危險降到最低程度。

處世箴言

藏巧於拙，用晦而明，寓清於濁，以屈為伸。

上級下級，適當距離

在公司裡，上下級之間相處融洽，關係親密，對於下級來說似乎是一個「利好」因素。但是有些上司不願跟下屬關係過於密切，主要是顧忌別人的議論和看法，再就是害怕過於親密會影響他在大家心目中的威信。

同時，任何上司在工作中都要講究方法、講究藝術、講究一些措施和辦法，如果你把這一切都知道得「十分」清楚，那麼他的方法、措施和手段，就可能就會失效。

古人云：伴君如伴虎。如今時代不同了，當今的上司要比古代皇帝民主與開放得多，但是基於我們上述的理由，八分飽的人生哲學還是奉勸你不要和上司十分親近，要和上司保持兩分的距離。其具體的分寸如下。

不做上司的兄弟

如果你的上司對待下屬採取非常民主的方式，他願意聆聽下屬的意見，願意與下屬溝通交流，並保持良好的上下級關係；如果你的上司性格溫和，待人充滿溫情；如果你的上司非常器重你，經常帶你出席各種社交場所，那麼，你千萬不要得寸進尺，適度的距離對你是有好處的。也許你發現你正在或可能成為上司的朋友甚至好兄弟，你必須拿捏好分寸。如果你當著其他人的面與上司稱兄道弟，以顯示你與上司的特殊關係，那麼這種行為是危險的。上司再民主也需要一定的威嚴，當眾與上司稱兄道弟只能降低他的威信，於是其他同事也開始對上司的命令不當一回事。當上司發覺他的工作越來越難做，而最終被他發現是你破壞了他必要的威嚴，那麼，等待你的最低限度也是疏遠，或者你只能選擇離開。也許他不會表露出來，但終有一天，你會發現你不得不接受調職的命令。

當然，你如果能夠與上司交上朋友，這說明你已經接近你的上司了。不過，這種朋友關係的最佳狀態，是業務上的朋友和工作上的摯友。如果你能推動上司在公司中地位的提升，你就是他最好的朋友。上司錄取你絕不是為了廣交朋友，而是讓你為他服務。

雖然不能否定上司與下屬交朋友或是追求娛樂，但是他們之間總是有著業務上的關係。因此，反過來說：你與上司畢竟有著業務上的關聯，無論在工作時間還是在社交場合，你的頭腦中都應該保持這樣一個觀念和警覺：上司之所以選中你做下屬，一定是由於業務的需要。試圖衝破你與上司這種關係的做法，在很多的時候是危險的。

不做上司的戀人

這當然不是斷然否定與下級之間戀情存在的合理性——如果雙方真有此意而且合法的話。

但更多的時候，與上司建立戀人關係是對雙方都沒有好處的。如果這種超出工作以外的戀人關係是發生在至少一方已經有合法婚姻的情況下，那可就更是引火自焚了。

在大多數時候，與上司建立了戀人關係，最終等待的極可能是你在這家公司職業生涯的終結。

還有另一種可能的結果，那就是你與上司的戀人關係可能給上司帶來麻煩，當上一級管理部門發現了你們之間的關係所帶來的消極影響的時候，也正是這位被丘比特之箭射中的上司喪失職務之時。男女之間的情愛關係，並不總能取代最好的工作關係。想一想，如果你是上司，你是否也能抵擋住這個誘惑呢？

不做上司的密友

如果說過多地介入上司的私生活，已經是你脫離了與上司的正常關係，那麼了解上司的個人隱私和事業上的「祕密」，對你就更沒有什麼好處。

保持工作上的溝通，訊息上的溝通，一定感情上的溝通。但要千萬注意不要窺視上司的家庭祕密、個人隱私。你應去了解上級在工作中的性格、作風和習慣，但對他個人生活中的某些習慣和特色則不必過多了解。

和上司保持一定的距離，還應注意，了解上司的主要意圖和主張，但不要事無巨細，了解他每一個行動步驟和方法措施的意圖是什麼。這樣做會使他感到，你的眼睛太亮了，什麼事都瞞不過你。這樣他工作起來就會覺得很不方便。

他是上級，你是下級，他當然有許多事情要向你保密。在一部分事情上，你只應知其然，而不一定非知其所以然。所以，千萬不要成為你的上司的「顯微鏡」和「跟屁蟲」。

和上司保持一定的距離，還有一點需要注意，就是要注意時間、場合、地點。有時在私下可談得多一些，但在公開場合、在工作關係中，就應有所避諱，有所收斂。

和上司保持一定的距離，還有一個重要的方面，那就是：接受他對你的所有批評，可是也應有自己的獨立見解；傾聽他的所有意見，可是發表自己的意見就要有所選擇。也就是說，不要人云亦云。

上下級間的確可建立友誼，但友誼過頭，過多地參與上司的祕密，則是極其危險的。親密的關係有一種平等化的效應，這可能扭曲上司與你之間正常的上下級關係。你應明白，越是親近上司，上司的要求便越多，總有一天，你會難以滿足上司的胃口，你從此便失信了。過多地與上司周旋可能得到上司「密友」或「寵兒」的名聲。這樣一個名聲常常使同事們討厭或不信任，甚至有些人會想盡一切辦法拆你的臺。誰知道你與上司神祕兮兮的樣子是不是意味著一些陰謀或小算盤呢——人們總會本能地反感。

不做上司的保姆

關於過分注重同上司的私人關係的情況，最嚴重的一種，便是在事實上做了上司的保姆或者說是傭人。善於攀權附貴的人希望能得到提升，所採取的方法就是討好上司。怎麼討好上司呢？你想無限制地為上司的日常生活服務。比如，不斷為上司端茶倒水，替上司清理辦公桌等。上司也許會對這種人表示好感。經常在外出的時候帶上你一回——因為你總是願意提供一些超出職員身分的服務，這為上司帶來很多的方便。在很多時候，你更像一個跟班。你滿懷希望地等待著某一天上司突然對你說：「你是個好人，你是否願做一名管理者？」可是，這一天始終沒有到來。在上司心中，你的形象不知不覺地被定格為保姆，這樣的人，永遠只配做下屬。

如果你試圖用這種小伎倆打動上司的心，那方向可就偏了。

總之，在你和上司的關係中有一些禁忌，千萬不可冒犯。即便是上司拉你進來，你也要保持足夠清醒的頭腦。

如果要做，也只做上司事業上的朋友。當然，如果你能因此獲得上司私人朋友的地位，將是最為完美的。但時刻都應該對自己說：「我是否注意到了上司的業務關係？」

處世箴言

養定者，上交則恭而不迫，下交則泰而不忽，處親則愛而不狎，處疏則真而不厭。

脖子再長，不能過頭

二〇〇七年三月二日，某足球俱樂部的總經理老李，提出「承包」足球俱樂部一年經營權的方案，一度贏得了包括體育局、球隊、球迷和媒體的一致好評。可是就在短短的二十多天之後，老李便不再與足球聚樂部有關聯。究竟發生了什麼，讓這個足球聚樂部老總慘遭解職命運呢？

俗話說：脖子再長，也不能過頭。你想像一下，如果脖子比頭都高了，會是一副什麼模樣？頭總歸是首腦，是領導者，能容許你高過他嗎？

古往今來，多少有才能的人就是因為不明白這個道理，付出了慘痛的代價。根據相關媒體的分析，認為老李的下車也逃不出這個道理。在高調承包足球聚樂部後，老李成為媒體熱炒的對象，這在某些人眼裡卻是「出風頭」的表現，也為自己之後的命運埋下伏筆。

三月三日下午，老李在一次充滿熱情的演講中談到了「老闆」的事情——老闆楊某二〇〇七年不投資了，就是這句話在球隊和球迷中炸了鍋，很快球迷們掀起了倒楊的洶湧浪潮。

作為足球聚樂部投資人的楊某，並沒有與球迷有過多少近距離接觸。在三月十九日下午的一場球隊贊助商發布會上，到會的楊某被球迷現場高喊：「你是不是該走了！」甚至於有球迷對其大暴粗口。當時坐在臺上的楊某只能尷尬地笑笑了之。發布會結束，楊某迅速坐上了他的加長賓士悄悄地離去。「他根本沒把球隊放在心上」，憤憤不平的球迷發布會後仍然不肯罷休，到處尋找著楊某的蹤影。

楊某對於自己屢次被球迷漫罵，心裡感到困惑而又生氣。很多人認為之所以出現這種尷尬局面，是足球聚樂部俱樂部總經理老李突顯了自己的重要性，而忽視了投資人的存在。甚至還有人認為：老李把自己塑造成足球界的救世主，而楊某則變成了不願意投資的「小人」，這讓公司及楊某本人都受到了嚴重的影響。

當然，對於老李突然下車的原因，楊某給出的理由看上去無懈可擊：老李拿不出五百萬的保證金，不符合合約要求。

老李在形勢本來一片大好之時到底為何突然下車——對這個問題，我們大可仁者見仁，智者見智。但無論如何，我們都要記住，脖子再長，也不能過頭。

在《聖經》裡有個故事，說的是大衛在前線立了大功，與索羅一起班師回朝。沿途歡迎的國民，高喊著索羅殺敵千千，大衛殺敵萬萬。索羅聽了後非常不高興，感到大衛已經威脅到了自己的王位，決定派人追殺大衛。這就是下屬遮掩了上級風采的典型例子，大衛在無意之中就得罪了索羅，禍從天降。殊不知現實中有好多這樣的大衛和索羅。

要時時刻刻維護上級的地位與威信，尤其是在你做出一點受大家贊同的成績時，一定要更加細心地檢視自己的言行，更加小心處事，避免把自己推向上級的對立面。

處世箴言

木秀於林，風必摧之；人拔乎眾，禍必及之，此古今不變之理也。

不爭為爭，以退為進

老子在《道德經》中說：「夫唯不爭，故無尤。」這句話的意思是，正因為不與人相爭，所以遍天下沒人能與他相爭。

可惜的是，真正能醒悟和運用這句話的人很少。在名利權位甚至是職稱評定等面前，人們忘乎所以，一個個像鬥雞似的，恨不得你吃了我，我吃了你。可到頭來，這些爭得你死我活的精明人，大都落得個遍體鱗傷、兩手空空，有的甚至身敗名裂、命赴黃泉。

某部門部長退休在即，圍繞這個即將空出的部長「寶座」，部門裡鬥得烏煙瘴氣。資歷老一點的以資歷為倚仗，學歷高一點的以學歷為驕傲……各自表功，又互拆臺面。部門裡一時雞飛狗跳，一片狼藉。最後，上頭任命沒有參與這場爭鬥的老王為代部長，半年後，老王正式成為部長。此事似乎在大家的意料之外，細細推敲，卻是情理之中。

三國時的曹操，很注重接班人的選擇。長子曹丕雖為太子，但次子曹植更有才華，文名滿天下，很受曹操器重。於是曹操產生了換太子的念頭。

曹丕得知消息後十分恐慌，忙向他的貼身大臣賈詡討教。賈詡說：「願您有德性和肚量，像個寒士一樣做事，兢兢業業不要違背做兒子的理數，這樣就可以了。」曹丕深以為然。

一次曹操親征，曹植又在高聲朗誦自己作的歌功頌德的文章來討父親歡心，並顯示自己的才能。而曹丕卻伏地而泣，跪拜不起，一句話也說不出。曹操問他什麼原因，曹丕便哽咽著說：「父王年事已高，還要掛帥親征，作為兒子心裡又擔憂又難過，所以說不出話來。」

一言既出，滿朝肅然，都為太子如此仁孝而感動。相反，大家倒覺得曹植只曉得為自己揚名，未免華而不實，有悖人子孝道，作為一國之君恐怕難以勝任。畢竟寫文章不能代替道德和治國才能吧，結果還是「按既定方針辦」，太子還是原來的太子。曹操死後，曹丕順理成章地登上魏國皇帝的寶位。

其實剛開始時，曹丕是極不甘心自己的太子之位被弟弟奪走的，他想拚死一爭，卻又明知自己的才華遠在曹植之下，勝數極微。一時竟束手無策。但他畢竟是個聰明人，經賈詡的點化，腦瓜頓時開竅，運用大智若愚的戰術：爭是不爭，不爭是爭。與其爭不贏，不如不爭，我只需恪守太子的本分，讓對方一個人盡情去表演吧，以短克長，以愚對智。最後，這場兄弟奪鏑之爭，以不爭者勝而告終。

曹丕以不爭而保住太子之位，而東漢的馮異則以不爭而被封侯。

西漢末年，馮異全力輔佐劉秀打天下。一次，劉秀被河北五郎圍困時，不少人背離他去，馮異卻更加恭事劉秀，寧可自己餓肚子，也要把找來的豆粥、麥飯進獻給飢困之中的劉秀。河北之亂平定後，劉秀對部下論功行賞，眾將紛紛邀功請賞，馮異卻獨自坐在大樹底下，隻字不提飢中進貢食物之事，也不報請殺敵之功。人們見他謙遜禮讓，就給他起了個「大樹將軍」的綽號。爾後，馮異又屢立赫赫戰功，但凡以功論賞，他都退居廷外，不讓劉秀為難。

西元二十六年，馮異大敗赤眉軍，殲敵八萬人，使對方主力喪失殆盡，劉秀馳傳璽書，要論功行賞，「以答大勛」，馮異沒有因此居功自傲，反而馬不停蹄地進軍關中，討平陳倉、箕谷等地亂事。嫉妒他的人誣告他，劉秀不為所惑，反而將他提升為征西大將軍，領北地太守，封陽夏侯，並在馮異班師回朝時，當著公卿大臣的面，賜他以珠寶錢財，又講述當年豆粥、麥飯之恩。令那些為與馮異爭功而進讒言者，羞愧得無地自容。

再講個有關老百姓的故事。古時江南有一個大家族，老爺子年輕時是個風流種，養了一大群妻妾，生下一大堆兒子。眼看自己一天比一天老了，他心想：這麼大一個家當總得交給一個兒子來管吧。可是，管家的鑰匙只有一把，兒子卻有一大群。於是，兒子們鬥得你死我活，頭破血流。這時，只有一個兒子默默地站在一邊，只幫老爺子做事，從不參與爭權。爭來鬥去，老爺子終於想明白了，這把鑰匙交給這群爭吵的兒子中的任何一個，他都會管不好。最後，老爺子將鑰匙交給了不爭的那個兒子。

有道是：人不為己，天誅地滅。此話雖然有些過頭，但是在職場之中，並沒有那麼多的溫情脈脈，爭名奪利的事情時常發生，有人為的圈套，也有自然的陷阱，它們如同一個巨大的漩渦，把無數人都捲了進去。

對此，最明智的做法是，迅速遠離它！因為，在橫渡江河時，只有遠離漩渦的人，才會最先登上彼岸。

處世箴言

德高者愈益偃伏，才俊者尤忌表露，可以藏身遠禍也。

第十章　當領導者如何運用八分飽哲學

不偏不倚、不激不隨，恰當適中，謂之中庸。具體到當今領導者的管理方法，需要注意抓大放小、寬嚴得體。少幾分急躁，多一點從容；少幾分彈壓，多一點關懷。

用人不必求全責備

人才與普通人的區別，並不在於他有沒有缺點，而在於當缺點與優點相比時，前者僅屬於次要的、從屬的地位，是小節。因此，判斷一個人是不是人才，就要從大局和總體著眼，只要大節信得過，小節則不必斤斤計較。

寧戚是衛國人，在牛車下向齊桓公討飯吃，敲著牛角唱了一首歌。齊桓公感到他不是平凡的人，準備起用他管理國政。群臣說：「衛國離齊國不遠，可派人到衛國去了解一下寧戚。果然是賢才，再用他也不遲。」齊桓公說：「去了解他，就可能知道他的一些小過失而對他不放心。因為小過而丟棄了人才，這就是世上的國君所以失去天下人才的原因啊！」於是，便舉起火把，封寧戚為上卿。

戰國時期齊國的宰相管仲，也是個小節不太好的人，他的朋友鮑叔牙對此深有感觸。鮑叔牙和管仲一起做生意，管仲經常給自己多潤較多；管仲三次參軍作戰，三次逃跑；與管仲一起辦事，他也出過不中用的主意。但鮑叔牙以為，這都是小節，從總體上看，管仲具有經天緯地之才，是個做大事的人才。齊桓公對管仲的認知，也是如此。齊桓公和他哥哥公子糾爭奪王位時，管仲曾用箭射傷過他。後來，公子糾被齊桓公殺死，鮑叔牙推薦管仲為相，齊桓公開始不同意。但當鮑叔牙說明，當初管仲用箭射你是為其主，不應揪住不放時，便原諒了管仲的過失，從大處總體著眼，任用管仲為相，結果終生受益。

領導者常犯的錯誤之一是不斷地尋找「足赤之金」，結果往往因小節之失，丟棄了有用之才。《後漢書．班超傳》中有云：「水清無大魚。」水過於清，大魚就難以生存。同樣道理，我們在判定一個人時，如果拘泥於細枝末節，就不能找到堪當大任的有用之才。

三國時期的著名人物諸葛亮，就犯了許多這樣的錯誤。水至清則無魚，人至察則無徒，諸葛亮似乎不太注意這一道理。他為人「端嚴精密」，但由此卻產生出一個弱點：凡事求全責備。他識人用人，總是「察之密，待之嚴」，追求完人，對那些有些小毛病和不足，而又有一技之長的雄才，往往因小棄大，見其瑕而不見其玉，或者棄之不用，或者使用但不放手。比如，魏延這個人物，有勇有謀，諸葛亮一直抓住他「不肯下人」的缺點，懷疑他政治上有野心，用而不信，將其雄才大略看作「急躁冒進」。還有一個劉封，也是一員猛將，可他認為「剛猛難制」，勸劉備藉機把他除掉了。諸葛亮這種求全責備的用人方法，造成極為嚴重的惡果，那就是人才空虛，他不但不能像劉備那樣，武有關、張、趙、馬、黃五虎大將，文有龐統、孔明等舉世矚目的高級智囊，人才濟濟，風雲際會，就連一個稱職的繼承者都沒有選拔出來。蔣琬、費禕和姜維，相繼無所作為，最後，反倒被黃皓、譙周之流小人所制。西蜀後繼乏人，終於被人所滅。教訓不可謂不慘痛。

早在諸葛亮之前的漢人任尚，也犯過這樣的錯誤。

在任尚之前，班超久在西域，後來，朝廷召回班超，讓戊己校尉任尚代替班超。

任尚對班超說：「您在外族之地多年，現在我來接替您的職務，我任重而學淺，請您多多指教。」

班超說：「塞外的官吏士兵，本不是很溫順的，都是犯了罪流放到這裡的。那些外族人，懷著鳥獸之心，難以收撫，容易出事。您的個性過於嚴厲急躁，水至清則無魚，處理政事過於精細嚴苛，反而難以知道真情，也得不到下面的擁護。應當平和簡易，對別人的小過失盡量寬容，只掌握住大的原則就行了。」

班超走後，任尚私下對他的親朋說：「我以為班超還有多高的謀略呢？聽他一說，也很平常。」並沒有把班超的話放在心上，他還是按自己的想法行事。果然，過了幾個年頭之後，西域就出現了叛亂，班超的話得到了證實。

任尚的失敗告訴我們，追求完人，不僅得不到真正的人才，反倒可能激化領導者和下屬群眾之間的矛盾，使彼此處於對立狀態，其結局是領導者成為孤立無援的孤家寡人。這樣的領導者結局肯定是悲慘的。

世界著名企業，日本的松下公司對某一職位的人員選擇，或選擇某一產品開發人員，一般不用「頂尖」人才，而是取中等的，可以打七十分的人才。他們認為，「頂尖」人才中，有些人自負感很強，他們往往抱怨環境影響自己才能的發揮，抱怨職務、待遇與自己的才能不相稱。而聘用能力僅及他們七十分的人才，他們往往沒有一流人才那麼傲氣，卻有一股偏要與「一流」人才較比較，比一比誰能做得更好。他們重視公司給予的職位，珍惜有可能脫穎而出的機遇，渴盼做出實績，以顯現自己的聰明才智，得到上級和同仁的認可和賞識。

松下先生認為：「世人沒有十全十美的事情，只要公司能僱用到七十分的中等人才，說不定反而是松下公司的福氣，何必非找一百分的人才不可呢？」松下幸之助本人就認為自己不是「一流」人才，他給自己打的分數也只是七十分。

無論是松下所說的七十分，還是我們所倡導的八分飽，無非都是強調企業在人才的應徵使用問題上，一定要做到適當適位，既要防止大材小用，搞人才高消費；也要防止小材大用，搞人才超負荷的面子工程與形象工程。

處世箴言

看中人，在大處不走作，看豪傑，在小處不滲漏。

寬嚴尺規要適中

馬匹之所以能夠奮蹄狂奔，是因為騎手手裡的鞭子；員工之所以能夠令行禁止，是因為他懼怕上司的權力。一個古老的管理定律是：威信才能使員工易於管理，嚴格才能使員工畏懼。

許多領導者都在抱怨管理很難執行，許多員工我行我素，對規章制度不聞不問，不把管理者放在眼中。

下列經驗是很多領導者在實踐中得來的，可以作為參考。

領導者要樹立起威信，才能讓員工謹慎做事。平常應以溫和、商討的方式引導員工自動自發做事。當員工犯錯誤的時候，則要立刻給予嚴厲的糾正，並進一步地積極引導他們走向正確的方向，絕不能敷衍了事。因此，一個領導者如果對員工違紀違規現象縱容過度，工作場所的秩序就無法維持，也培養不出好人才。換句話說，要形成員工敬重遵章守紀的人，鄙視違法亂紀的現象，就必須表彰那些自覺遵守規章制度的人，嚴懲違規之舉，使違規違章現象沒有市場。只有人人嚴於律己，才能建立起完整的工作制度，工作才能順利進展。如果太照顧人情世故，反而會造成損失。

無論用人或訓練人才，領導者都要一手嚴如鍾馗執劍，另一手卻寬如慈母憐子，做到寬嚴得體，才能得到員工的崇敬。

在一個寒冷的夜晚，某城市的一條不是很繁華的道路上幾乎已經沒有車輛行駛。這時從街中心的地下管道口鑽出了幾位衣著不俗的權貴模樣的人來。路旁的一個行人十分奇怪，想上前看個究竟，一看卻怔住了，他認出這些鑽出來的人，竟是經常在電視上出現的市政府的官員們！

原來，為了解決供暖故障問題，地下管道內有幾名工人在緊急施工，市政府特地派人來現場表示慰問。

這個城市的市政府把群眾的冷暖和困難時刻放在心上，他們在工人解決供暖管線緊急故障的問題時，沒有忘記不畏嚴寒在地下管道中施工的工人們，這讓路上的行人和施工的工人們深受感動。

作為一個領導者，要做到令出必行，指揮若定，就必須保持一定的威嚴，在領導與指揮業務上，沒有令對方與下屬感到畏懼的威懾力是不容易盡責稱職的。單是有一張和藹的臉，靠一番感人的言辭所起的推動作用，可以說非常有限。《孫子兵法》中有個關於「三令五申」的典故可以拿來借鑑。

當年吳王委派孫子訓練宮中嬪妃成為娘子軍。起初，嬪妃們覺得好玩，視同兒戲，成日嘻嘻哈哈。孫子一再勸說，並告誡不聽命，即要嚴懲，但卻沒有人相信。其中吳王最寵愛的兩個妃子最是不聽命令，拿孫子的話根本不當一回事，結果三日過去，孫子行使無情軍法，當場斬掉了那兩個妃子，事後宮妃們頓時敬而畏之，令出必行，軍容整頓，一切井井有條。

當然，威嚴也不等於整日板著面孔訓人。只是在工作時對待下屬必須令行禁止，說一不二。發現了下屬的差錯，絕不姑息，立即指正，限時糾正，不允許討價還價。要讓下屬產生敬畏之心，才會使你威嚴正直，在公司指揮自如，群眾心服口服。

威嚴始終是領導人的氣質。但作為企業的領導者，要實現自己的意圖，必須與屬下進行溝通，而富有人情味就是溝通的一道橋梁，它可以有助於上下雙方找到共同點，並在心理上強化這種共同認知，從而消除隔閡，縮小距離。因此，領導應該是寬嚴適度、恩威並舉。

從《論語》的有關記載，我們可以看出對於中庸的推崇。不偏不倚、不激不隨，恰當適中，謂之中庸。具體到當今領導者的管理方法，八分飽的人生哲學認為：身為領導，八分嚴格以立威，兩分寬宏以樹德，方是一種比較適中的管理方法。

處世箴言

嚴如鍾馗執劍，寬若慈母憐子。嚴寬合度，不怒自威。

別抱著權力不放

許多主管被提升到他們的職位，是因為他們作為一名普通員工的時候十分精明能幹。許多人是他們所在部門中做事能力最好的人，他們經驗豐富、十分可靠、十分精明，他們知道如何主動又快又好地完成工作。

但是這些主管卻常常遇到一個問題，即不知道如何把責任下達給部門中的其他人。他們覺得其他員工都不如他們自己會做事，他們想把每項任務都安排給最適合的人選。當然，他們是周圍人群中做事能力最好的人，所以後來的結果就是他們事必躬親，即使在他們把工作交給別人去做的時候也要親自監督工作的進行。如果他們不喜歡正在做的事情，就會接手過來自己做。他們作出所有的決策，是因為他們不相信任何人的判斷力，讓人覺得他們喜歡一手包辦。

這些主管工作的時間很長，他們手頭的任務已超過了他們可以應付的數量。他們很難有一段好的時間來完成工作，因為下屬總是要打斷他們，請示這事或者那事。

過了一段時間，他們會大失所望，因為除了他們自己沒有別人願意承擔責任。他們桌上堆積的未處理的文件像山一樣高。他們的孩子想知道那個每天深夜拖著沉重的腳步進家的面目不清的陌生人是誰？儘管他們工作得非常賣力，但卻未能得到高級管理層的讚賞，因為他們還沒有學到一條基本的管理法則：放權。

為什麼對某些領導者來說，把工作分派給自己的員工去做是件如此困難的事呢？歸納其原因主要有以下五點：

・如果上司把一件自己可以做得很好的工作分派給員工做了，也許就達不到上級希望達到的水準了，他們或者不如自己做的那麼快，或者精細。

一旦有要求完美想法，就會以為把工作派給員工做，一定不會做得像自己那樣好。這時候，身為領導者的就應該問問自己，儘管自己的員工不如自己做得好，但是不是也能達到目的的呢？如果不是，你能不能教教他們，讓他們把工作做好呢？

・如果讓員工來做工作，也許上司會擔心他們做得比自己好，而最終會取代上司的工作。

但是，如果當上司能把平常的工作派給員工去做，他自己就可以空出時間來做一些更富有創造性工作；另一方面，因為當了領導者，或許會因為教導員工有方，而獲得晉升或是其他的獎勵。因此，既然是身為領導者，就應該學會把工作分派給員工，指導員工如何將工作做好。

・如果因為當了領導而放棄了自己的職責，那將無事可做；因為害怕在把工作派給員工做了之後，自己就無事可做了，所以那些手中有些小權的人，哪怕是芝麻綠豆大的小事，也不願放手讓自己的員工去做。

實際上，當上領導職位就應該意識到，放手讓自己的員工去做，不但會有助於自己提高管理工作的能力，還會增加員工們為自己分擔一部分工作的機會。

・沒有時間去教員工如何接手工作。在這一點上，身為領導者就必須明白，自己越是沒空訓練員工接手工作，自己要做的事就越多。事情總要分個先後，教會員工做了，自己就可以有更多的時間來做更加重要的管理工作。

・沒有可以託付工作的適合人選。這是當上領導者後為不分派工作而找的最常見的理由。並不是員工沒能力來承擔這項工作，而是他們不是太忙，就是不願意分配給他們的工作，要麼就是別人認為員工的能力不夠。

如果領導者確確實實想要把工作分派下去，那他就應該多花一些時間，全面考慮問題，上述所有的這些困難，都不應持推諉態度。

根據八二法則，在任何人所面臨的事務中，只有百分之二十的事務才是最關鍵的，因此應該將百分之八十的精力放在這百分之二十的關鍵事務上，才是明智之舉。同理，一個領導者也應該將自己的主要精力放在關鍵的管理事務上。將八成的具體瑣碎事務、責任與權力分派下去，讓自己有足夠的精力來面對關鍵的管理事務。

處世箴言

虛己處世，求功不可盡占，求名不可盡享，求利不可盡得，求事不可盡做。

指示下八分即可

有些領導者常容易犯指示過於詳盡的毛病，他們明知道有些事情一定要交給下屬辦才行，但是卻又不完全放心交給下屬去辦，因此，不知不覺中就會一再地交代他們：「要按順序做。這裡要這樣做，這點要尤其注意……」

事實上，這些指示領導不說，下屬也都已知道得非常清楚，可是不成熟的領導們卻仍很仔細地一再指示各項事宜。

作為下達這樣詳細指示的人，大部分是新任領導者，用人的經驗大都不足，另外也有可能是從事專門職業或技術人員出身。

期望把工作做到位，當然是一件很好的事，但是這樣過於詳盡布置工作的做法，反而會帶給下屬不愉快的感覺。這是什麼原因呢？

受到詳盡指示的下屬，開始時會認為，你既然不信任我，為什麼還要把工作交給我？因而產生不滿或不信賴。然而，因為不想表露出來，只好對你說：「知道了。」然後乖乖地按照指示行事，每天不斷重複地按照你的指示行事。

後來，他會發現自己完全不用動腦筋，按照指示工作，實在很輕鬆。最後，甚至變成有指示才會工作的消極、被動的工作態度，而且年輕人特有的熱情和精力無法在工作中發揮，就會用在工作以外的事情上，慢慢地他會對工作不再熱心了。

下屬過著不用腦筋思考的日子，最終導致他失去思考和判斷的能力，這是非常嚴重的事。有些人到了相當年齡，工作能力仍然較差，大部分都是因為有一個婆婆媽媽的上司造成的。所以，如果一個人放棄了思考的機會，最後也將失去思考的能力。

非常詳盡地指示，然後感嘆別人工作態度消極的領導，就是不了解這是因自己的婆婆媽媽行為所造成的後果。因為太多、太詳細的指示，很容易造成難以彌補的憾事。

如果你認為應對下屬做出十分詳盡的指示時，最好先忍耐一下，只下八分的指示就行，其用意是要留下讓對方思考的餘地。不管對新進的還是資深的員工，都要相信對方的能力。既然

「條條大路通羅馬」，何必非要下屬走你指示的那條路呢？

處世箴言

凡情留不盡之意，則味深；凡興留不盡之意，則趣多。

八分飽的決策方式

英國的沃爾特斯曾經夢想當一名律師，因此在考上大學時選擇了法律系。但他很快就發現自己其實更想做一名商人，於是在開學不到兩週，就又改學商務管理。

大學畢業後，沃爾特斯曾在英國皇家陸軍運輸隊服役，擔任過排長。幾年的軍旅生涯裡，他最大的收獲就是如何作決策。沃爾特斯雖然沒有上過戰場，但實戰演習的經歷告訴他，指揮關在大多數情況下只能根據殘缺不全的有限訊息來作出決策。而在戰局混亂時，決策往往都是建立在盡量確保不輸或少輸的基礎之上。

西元一九五四年，沃爾特斯退役後，進了英國石油公司（當時叫英國波斯石油公司）工作。他憑著自己在大學學到的知識和軍隊學到的經驗，幫公司圓滿處理了不少棘手的、具有挑戰性的工作，被譽為「突擊隊長」，職務也因此屢獲升遷。

西元一九六七年，沃爾特斯被任命為總經理助理。當時中東地區正處於劍拔弩張的緊張氣氛之下，一場大戰隨時爆發。中東的問題令英國石油公司非常苦惱，這是因為處於戰爭區域裡的蘇伊士運河一直是該公司的主要運輸通道。戰爭一旦爆發，運河肯定會關閉，石油公司就只得改變航道，繞行非洲好望角。這樣一來，船舶運輸的費用增加等一系列問題就會嚴重傷及公司的正常運營。

董事會為了應對可能的戰事，專門成立了一個應付戰爭的委員會，由一名副總裁負責。沃爾特斯專門負責照料所有運油船隻和租船方面的事務。西元一九六七年六月五日，以色列空軍對埃及、敘利亞和約旦等阿拉伯國家發動了大規模的突然襲擊，拉開了中東戰爭的序幕。經過六天的刀光劍影，以色列軍隊成功占領了約旦河西岸、戈蘭高地和整個西奈半島，同時還控制了整個蘇伊士運河。

在戰爭剛打響的一個星期六的上午，在家休息的沃爾特斯突然接到公司租船部主任打來了電話：「奧納西斯先生剛才打電話詢問我們是否繼續租用他的油輪，他要求在中午前給他答覆。」奧納西斯（Socrates Onassis）是世界著名的希臘船王，他擁有一支世界上最龐大的船隊，油輪的總載重量達到兩百五十萬噸。因為中東戰爭導致蘇伊士運河的關閉，奧納西斯的船隊業務異常繁重，所以奧納西斯開給英國石油公司的租用條件很苛刻：不是全部租用一年，就是一艘不租，而且租金比往常要高很多。兩百五十萬噸的船隊高價租用一年，租金可是一個天文數字。租船部主任當然不敢定奪，所以要電話請示負責租船事務的沃爾特斯。

租？還是不租？沃爾特斯當時也感到非常迷茫。選擇的關鍵在於這場戰爭的持續時間。如果戰爭很快停火，蘇伊士運河就會很快開通，高價租用一大批超過自己需要的油輪，一年的合約將會給公司帶來巨大的財務損失。而如果戰爭持續很長，船運市場無疑會出現運輸吃緊的局面，公司不提前租用奧納西斯的船隊，將無法滿足正常營運的要求。在當時的混亂局勢下，就是最為老練的政治家、軍事家也無法判斷這場戰爭究竟會要進行多久，沃爾特斯當然也無法預知。那他該如何選擇作出這個決策呢？

沃爾特斯遇到了平生最難作出的一個決策。當時的他的境遇就像守門員面對一個決定勝負的關鍵性點球，無論是選擇撲向左邊還是右邊，都可能是錯誤的，當然也可能是正確的。在這個緊急情況下，即使是召開一個董事會也不可能商量出一個一致的答案，除了為自己減輕決策責任和浪費時間外，不會有其他任何收獲。

沃爾特斯冷靜地思考了半個小時——此時已經十一點半，離奧納西斯要求答覆的截止期限只剩下半個小時了，他終於作出了決策：租！

沃爾特斯做出這樣的選擇，連在一旁的妻子都感到吃驚。事實上，無論沃爾特斯做出怎樣的選擇，他的妻子都會感到心驚肉跳。因為無論是什麼選擇，一旦錯了，就會鑄成嚴重的後果，並直接威脅他的職業生涯。

我們說過，面臨選擇難關的沃爾特斯，當時就像一個不知所措的守門員面對一個關鍵的點球。這個比喻很形象，不過沃爾特斯當時的選擇並非像守門員一樣隨機選擇、聽天由命。他先是將兩個選擇進行了一個細緻的比較——租：如果很快停火的話，公司將承受重大損失，如果戰爭持續的話，公司將獲得穩定發展；

不租：如果很快停火的話，公司將獲得更多的利潤，如果持續戰爭的話，公司將陷入絕境。

前者最壞的結果是「重大損失」，後者最壞的結果是「陷入絕境」，孰重孰輕，一目瞭然。為了公司的避免陷入可能存在的絕境，沃爾特斯選擇了面對可能存在的重大損失。

沃爾特斯的選擇，是一個典型的八分飽選擇。如果是十分飽的選擇，免不了會選擇拒絕和奧納西斯簽約，賭戰爭很快停火——如果戰爭很快停火的話，這個選擇無疑是一個利潤最大化的選擇。既然戰爭的進程誰也說不準，為什麼不選擇這個利潤最大化的選擇呢？但沃爾特斯之所以是沃爾特斯，他不僅看到了最好的可能還看到了最壞的可能，然後他在最好的可能與最壞的可能之間，找到了一個八分的選擇。這個選擇也許不會讓公司贏得利潤最大化，但卻能保證公司不至於輸得一無所有。道理就這麼簡單。

最後的事實是，一週後租船價格就翻了一番，並且隨著中東戰爭的曠日持久，租船價格一路上揚。英國石油公司憑藉手裡掌握的巨大船隊，沒有像其他的很多石油公司一樣走向破產，而是獲得了長遠的發展。也就是說，沃爾特斯的八分飽選擇，為公司帶來了十分的利益。當然，我們不能單純以成敗來論英雄。假設在沃爾特斯租用了奧納西斯的全部船隊後，戰爭很快結束，也不能否定沃爾特斯選擇的價值。畢竟，謀事在人，成事在天。沃爾特斯已經盡到了「謀事」的責任，成敗都只是運氣了。

沃爾特斯在他四十一歲的那年，登上了英國石油公司的總裁寶座，帶領著英國石油公司走過了許多坎坷，成就了一番輝煌的事業。

作為一名領導者，官銜越大，身上所承擔的責任當然也就越重。做決策是每個領導者都需要小心應對的一項重要工作。因為很多「決策」的對錯，對單位或部門的盈虧甚至生死起著決定性的作用。

在面臨重大的兩難決策時，不要被虛幻的利益矇住眼睛，要多想一想後果與退路。像沃爾特斯那樣的八分飽式的決策法，非常值得每一個身處管理階層、手握決策大權的人領悟與學習。

處世箴言

兩利相權取其重，兩害相權取其輕。

第十一章　婚戀生活的八分飽守則

「情人眼裡出西施」，是我們熟悉的俚語，它當然是指熟悉中的人們看待自己所追求的對象。然而，為什麼後來的生活會出現「七年之癢」，會導致有些人勞燕分飛呢？其實就在於人們被那些藝術化的愛情給迷惑了。如果能有機會去問問那些真正白頭偕老卻仍然能舉案齊眉的老人們，他們會告訴你，他們的愛情從一開始就沒有那樣轟轟烈烈，也沒有什麼驚天動地的壯舉。他們之所以能一輩子舉案齊眉，就因為他們沒有把愛情燃燒到十分熾烈的程度。

不愛那麼多，只求八分飽

有一首歌中唱道：「不愛那麼多，只愛一點點，別人的愛情像海深，我的愛情淺。」這個歌詞原本是有「文壇怪傑」之稱的臺灣作家李敖的一首詩（全詩見本節末），名為〈不愛那麼多〉，被歌手巫啟賢改編為〈只愛一點點〉，坊間傳唱一時。曾有人這樣評價：「只愛一點點，相當痞的歌，相當好的詞。李敖寫的一個小詩，結果不幸沒觸動他的女人，卻觸動了巫啟賢，給譜了曲。詞中所述，是相當高的境界。是人神共往，天地同意，世界太平的一種狀態。」

在情歌泛濫年代，由李敖和巫啟賢合作演繹的〈只愛一點點〉，無疑給對情歌過於飽和吸收的歌迷們的不通暢消化道下了一劑強力瀉藥。李敖的傳奇一生總是與女人有千絲萬縷的關聯，據李敖在自傳中坦白，他愛過的女人就有十數人之多，伴隨著他人生的各個時期。他曾在一首詩中用玩世不恭的語氣說：「三月換一把，愛情如牙刷；但尋風頭草，不覓解語花。」

李敖「只愛一點點」的愛情主張，可謂在「兩分飽」中覓「十分飽」的真味。看到好果子就摘，摘到手吃一口就丟——好吃也是丟，丟了再摘新鮮的；不好吃也是丟，丟了再採好吃的。李敖驕傲地聲稱：「我用類似『登徒子』的玩世態度，灑脫地處理了愛情的亂絲。」

李敖蜻蜓點水式的愛情，對於他來說也許很適合很受用，但我們在這裡絕沒有提倡與推廣的社會意義。首先，這不符合社會的公序良俗。絕大多數人對於愛情抱有長久的願望，對於婚姻抱有穩定的要求；其次，絕大多數人也不具備李敖的能力、精力、財力甚至魅力。

在瓊瑤的愛情肥皂劇裡，我們總是能聽到諸如「我真的真的好愛你好愛你」之類的煽情表白。這些話千篇一律地用哭腔喊出，畫面少不了來一個梨花帶雨的特寫。愛一個人，為什麼要「十分」呢？

從你來說，十分的愛一個人，會被他（她）主宰了你的一切，你如同被魔杖點中，完完全全地失去了自己，動輒就會方寸大亂。不要以為你給予了對方十分的愛，對方就會回報你十分的愛。十分的愛一個人，就會無原則地容忍他（她）、遷就他（她），等到他（她）習慣於這種容忍與遷就，就如同被寵壞了的孩子一樣無視你的付出，覺得你很煩、沒個性，甚至開始輕視你、怠慢你、踐踏你……

從對方來說，被愛本來是一種快樂，而你過分的愛卻成了負擔。抱他（她）抱得太緊，他（她）就會失去了自由呼吸的空間。

愛情不分左右，但如果一定要分的話，我們不妨把「只愛一點點」的李敖視為「極右」，將瓊瑤筆下愛得掏心掏肺的純情主角視為「極左」。「極右」與「極左」都不是正路，最好的道路是折中。關鍵是：這個「中」在哪裡「折」比較適合？

愛情其實也如同吃飯，「吃」得太少，就需要不停地吃零食——如李敖。「吃」得太多，容易撐壞肚子。當你愛一個人的時候，愛到八分剛好。同時，你所期待的回報，也只要八分。你自己應該剩下兩分來愛自己，允許對方留兩分愛他自己。八分飽的愛情觀，雖然不見華麗，但是卻見平實；不見轟轟烈烈，卻見清新雅緻。

最後，我們將李敖的〈不愛那麼多〉附錄如下，請讀者自己去體悟其中的味道。

不愛那麼多，
只愛一點點，
別人的愛情像海深，
我的愛情淺。
不愛那麼多，
只愛一點點，
別人的愛情像天長，
我的愛情短。
不愛那麼多，
只愛一點點，
別人眉來又眼去，

我只偷看你一眼。

處世箴言

八分飽的愛情觀，雖然不見華麗，但是卻見平實；不見轟轟烈烈，卻見清新雅緻。

愛情與婚姻有時需要將就

小說與戲劇中的愛情，常常把愛情塑造得那麼完美。其中的男主角簡直就是白馬王子的化身，而女主角也有白雪公主的架式。但我們要老實告訴你，那是被加工過的藝術，絕不是生活中的現實。

對於男人來說，理想的戀人當然是集漂亮、溫柔、賢惠為一身，當然要是有很多錢或有賺大錢的能力就更好了。而對於女人來說，她們理想的戀人也能說出個一二三四來。然而，這種人存在嗎？當然存在！它只存在於初戀的那一段，過後就煙消雲散。

有一個老男人，自幼家產頗豐，模樣也是英俊瀟灑，但一直沒有找到一個理想的戀人。在他孤獨地躺在醫院的豪華病房等候死亡的降臨時，一個年輕的護理師忍不住問他：「老爺爺，您為什麼要選擇單身呢？」老男人的回答是這樣的：「因為我一直想找一個完美的女孩。」護理師繼續問了一句：「沒有找到嗎？」老男人說：「找到了一個。」護理師問：「那，為什麼沒有結婚？」老爺爺答：「因為，她也在找一個完美的男人。」

這個年輕的護理師，當天回到家後，第一次沒有責怪丈夫將他的東西亂放。看見丈夫沒有洗乾淨蘋果就吃，她也忍住了嘮叨，只是說：「我來吧。」便拿起蘋果洗乾淨再削給丈夫吃。

老男人的經歷乍一看似乎有虛構的成分，但類似的事情在我們身邊並不少見。我們見多了「花園裡選花」的男女，最後在時間的流逝中青春遠去，他（她）們最終沒有別的辦法，只好為解決單身而將就地找一個，或者在不願將就中孤獨老去。

為什麼大家都會要求對方完美呢？為什麼自己從不會想到自己本身就不完美啊。完美主義者並非都像老男人那樣孤單到老。他們也有些像年輕護理師一樣，也許在戀愛中因為荷爾蒙的刺激，對方在你的眼裡很完美，但時間久了，或者結婚之後，一切缺點都會浮現出來。原來你是這樣的人呀？我真是瞎了眼啊！——諸如此類的話，每天不知道在多少人口裡講出來。

有人說：愛一個人，就應該也愛上他（她）的缺點。這話看上去很美，但事實上很難做到，同時也並不值得提倡。缺點很少有可愛的，如果可愛，那就不是缺點而是優點了。我的妻子的優點很多，但也有一些缺點，如個性急躁，如家裡收拾不夠整潔。坦白地說，要我去愛上她的缺點，我做不到，但我能努力去接受。因為我知道人無完人，我本身也有不少缺點。我在戀愛的時候就知道了她個性急躁的缺點，但我覺得她的缺點是在我的容忍範圍之內，我可以接受而不需要去忍受。而結婚之後，我又發現了她在收納整理上略微欠缺，怎麼辦？適度的說一說加八分的接受。

戀人也好，配偶也罷，放大優點縮小缺點，八分滿意就行了。餘下的兩分，不妨睜一隻眼閉一隻眼，隨他（她）吧，只要不是違背原則問題，又何苦自己跟自己過不去，把雙方搞得那麼累？

處世箴言

愛情是一筆存款，相互欣賞是收入，相互摩擦是支出，相互忍讓是節約。

愛情的力量沒有你想像的那麼大

一位新婚不久的女孩，在黑夜裡獨自默默流淚。

女孩是在一片反對聲中，義無反顧地委身於他的。

他愛好賭博，喜歡打架。同時，他也愛她。

女孩當然也愛著這個「浪子」。不過，她並不喜歡——不，是厭惡——他賭博與鬥毆的習慣。

「不過，這些都沒關係，我相信，我可以改變他。」女孩不止一次地對自己，對朋友，對家人說。

愛情的力量是很神奇而又偉大，能「直叫人生死相許」，又還有什麼不能改變的呢？

然而，在她新婚後不久，他就開始了夜不歸宿。他要麼是在通宵賭博，要麼是被抓進了派出所……

女孩終於明白：愛情的力量，並不像傳說中那樣的無堅不摧；她在選擇「浪子」時，其實就是選擇這樣哀怨的心情。

對此，偉大的福音傳播者德懷特．穆迪（Dwight Lyman Moody）曾經這樣寫道：

「一個女人希望透過婚姻能改造一個男人，這個最自欺欺人的希望通常都是幻想，它毀壞了成千上萬的年輕女孩的美好生活。一個年輕的女孩希望能夠挽救一個無賴，而堅持要嫁給他，在每個社區都有幾百個這樣的例子。這種基礎不牢固的家庭最終會解體，並毀壞了一些無辜女孩的生活。我不明白為什麼人們都會這樣盲目。在所見到的幾百個這樣的結合中，沒有一個是產生了預期的結果的，她們的結局除了悲傷就是災難。年輕的女孩子們，千萬不要認為妳能夠完成慈愛的母親和情投意合的姐妹都不能做到的事情。」

所有對愛情與婚姻充滿憧憬的女人們都要將德懷特的話記到心裡。同時，如果將上面話中所指男女名詞互換，也照樣成立。因此，男人們也要小心了。有專家透過調查，發現大約有半數不幸婚姻的造成因素，是男女雙方的某一方出於憐憫而結合。因為憐憫對方而結合，結果是同時造就了兩個輸家，如果連帶孩子以及各人的親戚，則傷害的人就更多了。

處世箴言

大約有半數不幸婚姻的造成因素，是男女雙方的某一方出於憐憫而結合。

家庭的精神給予不可忽視

家的港灣要溫馨，的確需要有一定的物質基礎作為保障。但千萬不要因此而忽略了精神上的給予。

一對青年男女步入了婚姻的殿堂，甜蜜的熱戀期過去之後，他們開始面對日益艱難的生計。妻子整天為捉襟見肘而鬱鬱不樂，他們需要錢，一萬，十萬，一百萬，最好有一千萬。有了錢才能買房子，買家具家電，才能吃好的穿好的……可是他們的錢太少了，少得只夠維持最基本的生活開支。

她的丈夫卻是個很樂觀的人，不斷尋找機會開導妻子。

有一天，他們去醫院看望一個朋友。朋友說，他的病是累出來的，他常常為了賺錢不吃飯不睡覺。回到家裡，丈夫就問妻子：「假如給妳一萬，同時讓你跟他一樣躺在醫院裡，你要不要？」妻子想了想說：「不要。」

過了幾天，他們去郊外散步。他們經過的路邊有一幢漂亮的別墅，從別墅裡走出來一對白髮蒼蒼的老者。丈夫又問妻子：「假如現在就讓妳住上這樣的別墅，同時變得跟他們一樣老，妳願意不願意？」妻子不假思索地回答：「我才不願意呢。」

他們所在的城市破獲了一起重大集團搶劫案，這個集團的主犯搶劫所得超過一百萬，被法院判處死刑。罪犯被押赴刑場的那一天，丈夫對妻子說：「假如給妳一百萬，讓妳馬上去死，你做不做？」妻子生氣了：「你胡說什麼呀？給我一座金山我也不做！」

丈夫笑了：「這就對了。妳看，我們原來是如此富有：我們擁有生命，擁有青春和健康，這些財富已經超過了一百萬，我們還有能夠創造財富的雙手，妳還擔心什麼呢？」

妻子把丈夫的話細細咀嚼品味了一番後，心情開始變得快樂起來。人生的財富不僅僅是錢財，它的內涵很豐富，錢財之外還有很多很多，還有比錢財更重要的。可惜，世間有很多人看不到這一點，心中煩惱便由此而生。

一位父親下班回到家很晚了，很累並有點煩，他發現他五歲的兒子靠在門旁等他。

「我可以問你一個問題嗎？」

「什麼問題？」

「爸，你一小時可以賺多少錢？」

「這與你無關，你為什麼問這個問題？」父親生氣地說。

「我只是想知道，請告訴我，你一小時賺多少錢？」小孩哀求。

「假如你一定要知道的話，我一小時賺兩百塊。」

「爸爸，我現在有兩百塊錢了，我可以向你買一個小時的時間嗎？明天請早一點回家，我想和你一起吃晚餐。」

這個故事讓人動容：時間可以換取金錢，似乎也可以換取家庭的親情和快樂。給家庭擠出些時間吧，因為有些東西是拿錢買不到的。

現代人的生存壓力越來越大，並且大多數家庭的經濟壓力都在男人身上。因此，男人在外面打拚，實在是勞心勞力。這些在外打拚的事業型男人常以為，努力提供家人以更優越的物質享受是自己應盡的、唯一的義務，但他們卻忽視了家庭成員的精神需求。殊不知人是有感情的動物，精神上的需求是金錢所不能代替的。其實，在特殊的日子裡買束花給妻子，在兒童節帶孩子去趟動物園，並不會花去你多少精力。你若能將愛表達得更感性一點，相信你會因此擁有一個更加和美的家庭港灣而感到精神百倍！

處世箴言

最不幸的人，是那些有家卻等於沒家的人。

第十二章　結交朋友的八分飽藝術

道義相砥，過失相規，畏友也；緩急可共，死生可托，密友也；甘言如飴，遊戲征逐，昵友也；利而相攘，患則相傾，賊友也。在我們的周圍，形形色色的人都有，如何清濁兼納、親君子遠小人？

清濁兼容為正道

生活在這個世界上，如果真的能擁有敏銳的洞察力，能了解萬事百態、人情世故，甚至能盡快地、全面地了解一個人，那可是一種財富。假如能針對不同的人，採取不同的交涉方法，那麼這筆財富算是用在點子上；倘若過於苛責朋友，到處挑剔，發現他這也不好，那也不對，那麼再優秀的人也交不到好朋友。

《菜根譚》上說：「人有頑固，要善化為海，如憤而疾之，是以頑濟頑。」對於別人的頑固行為，應善加開導，而不是在憤怒之下而斥責之，試想，兩塊頑石相撞，怎麼會撞出友情？

認真觀察其實並不錯，錯在於觀察之後，不懂怎樣待友。人們往往能夠將別人的缺點看得一清二楚，卻忽視自己的缺點。看清朋友的缺點並不是壞事，若能分別對待，有益無害。「不責人小過，不揭人隱私，不念人舊惡。三者可以養德，亦可以遠害。」

・**不責小過**：不要責難別人的輕微過錯。任何人都不可能無過，不是原則問題不妨大而化之。「攻人之惡毋太嚴，要思其堪受。」意思批評朋友不可太嚴厲，一定要考慮到對方能否承受。在現實中，有的人責備朋友的過失唯恐不全，抓住別人的缺點便當把柄，處理起來不講方法，只圖洩一時之憤。幾個朋友同室而居，其中一個常常不打掃環境，另一個朋友就常常在別人面前說那人的壞處，牢騷滿腹，久之，傳入那人的耳朵中，室內的氣氛越變越壞，兩個開始冷戰，使得同寢室的人都不得安寧。這就是因小失大。

．**不揭隱私**：不要隨意觸及他人生活中的隱私。揭發朋友的隱私，更是沒有修養的行為。每個人都有自己不願為人所知的東西，總愛探求別人的隱私，關心別人的祕密，不僅庸俗，而且讓人討厭，這種行為本身就是對他人人格的不尊重，也可能給別人惹來意外的災禍。既然別人把事放在心裡不願與你分享，你就該放下好奇心，何況你自己一定也有隱私。「己所不欲，勿施於人。」假如朋友告訴你他心之所思，你更該為其保密，他既然這麼相信你，那麼你一定要學會珍惜這份友情，對於朋友的祕密，三緘其口並非難事，就像朋友的東西寄放在你那，你絕不可以將它視為你自己的物品，想用就用。

．**不念舊惡**：不要對朋友過去的不當之處耿耿於懷。人際間的矛盾，總會因時因地而轉移，時過境遷，總把注意力放在過去的恩怨上，並不是明智之舉。愛記仇的人是可怕的，他說不定會在什麼時候，記起別人的錯誤，也不定在什麼時候會報復你一下，以求得他自己心理上的平衡。所以，與人交往，學會忘記在一起的不快和口角之爭，下次見面還是好朋友。還有，就是對於他人生活、工作中的習慣，要給予尊重。如果說，在朋友做人中所出現的失誤，你尚可以埋怨一二，但是，對於他的個人習慣，你再挑三揀四就不是可原諒的了。

每個人都有不同的做事原則，不可能全都與自己相同。尊重朋友的習慣是最起碼的要求。

《菜根譚》中說：「地至穢者多生物，水至清者常無魚，故君子當存含垢納汙之量，不可持好潔獨行之操。」

一塊堆滿腐草和糞便的土地，才能長出許多茂盛的植物；一條清澈見底的小河，通常不會有魚來繁殖。君子應該有容忍世俗的氣度，以及寬恕他人的雅量，絕對不可自命清高，不與任何人來往而陷於孤獨。

有些人往往缺乏容忍朋友缺點的雅量，其實世間並無絕對的真理，而且正邪善惡交錯，沒有什麼是絕對的。所以交朋友必須有清濁並容的想法。若想事業取得成功，肯定離不開朋友相助。所以，對待他人必須有恢宏的氣度，能容天下人才能業下人所容。

處世箴言

地至穢者多生物，水至清者常無魚，故君子當存含垢納汙之量，不可持好潔獨行之操。

做事做過頭惹人厭

我們前面說過的「過猶不及」的道理，同樣適用於朋友之間的交往。

李克在婚姻上遇到麻煩，妻子離開了他，投入了情人的懷抱。李克像所有被拋棄的男子一樣，有點喪失理智，經常借酒澆愁，每天一下班就纏著孔丹去酒吧。孔丹的妻子為此常常抱怨他，為了躲避他，孔丹與妻子躲進了父母家，他知道今晚再也見不到那張熟悉的面孔了。

孔丹解釋說：我和李克的友誼是公司所有人都知道的，我們白天在一起工作，討論問題經常會使我們口乾舌燥。李克是個重友情的人，最初，我們經常下班後去外面吃晚飯，順便談一些輕鬆的話題，後來我厭倦了，開始推托回家。

可怕的是，在我藉故離開後，他追到我的家裡，他不再喝酒，只是沒完沒了地跟我講他的想法，並經常說：「我們是世界上最好的朋友，勝過夫妻和所有的合夥人。」我不得不點頭。天啊！這種事竟然持續了半個月，我和妻子的忍受力像被加壓的玻璃瓶一樣，馬上就會爆炸，於是我在家裡對李克的談話開始置之不理，可這不能阻止他的談話，並增添了他的抱怨。不管怎麼樣，他希望我不要拋棄他。

我和妻子商量了很長時間，決定在他這段挫折解脫之前，先住到父母家，等到李克恢復正常再說。其實，我心裡十分清楚，他根本就沒有什麼不正常。只是希望我們的友情勝過一切，但他從來就沒有注意一下我妻子氣憤的眼睛。

也許有很多人都會遇到過這種情況，朋友的態度讓人害怕甚至恐懼。有本書中說：「朋友之間各自的家庭、工作和其他社會環境，都不盡相同。作為朋友，如果不考慮實際，以自我為中心，強求朋友經常與自己廝守，勢必會給他人帶來困難。」

此外，人與人之間的差異是必然存在的，往來的次數越是頻繁，這種差異就越是明顯，過分的形影不離也會讓最要好的朋友厭煩你，以致最終離你而去。

八分飽的人生哲學提倡與朋友交往應「平淡似水，和而不流」。這樣，才可以在處理朋友關係方面遊刃有餘，其樂融融。古語說：「兩情若是長久時，又豈在朝朝暮暮。」這句話本來是用來形容情人間的思戀，其實，這句話也適用於那些感情親密的朋友之間的關係。朋友交往應該是「淡而不斷」。交往過密，便有勢利之嫌；而一旦斷了「來往」，時間便會無情地衝淡友情。尤其是在生活節奏緊迫的今天，朋友之間很難有機會經常在一起聊天。朋友間的交流，需要注意友情的維護，比如平時多打電話，相互問候一番，也會造成加深感情的作用。

君子之交淡如水，與《中庸》上的「君子之道，淡而不厭」，是一個道理。古代君子的交友之道，如淡淡的流水，長流不息，源遠流長。今人將交友比作花香，說「友誼就像花香，越淡就越持久」，與古人有異曲同工之妙。

在華人世界，中庸之道是一種至高的做人法則，掌握了這種方法，便會在生活中遊刃有餘。交友也講中庸，除了「淡而不厭」外，還要「簡而文」，「溫而理」，簡略但是文雅，溫和且合情理。

處世箴言

先淡後濃，先疏後親，先遠後近，交友之道也。

來者不拒沒必要

朋友之間，理當互助互幫。但也不能來者一概不拒，老是充當別人的消防隊員，讓滿足別人的需求支配了自己的生活。

有些人經常會陷入自尋煩惱的困境中，那是因為他們跳入別人的問題中去了。某人隨意給你一個憂慮，而你認為你必須接住它，並做出反應。例如，你實在很忙，這時一個朋友打電話來，用激動的情緒說：「我的媽媽簡直讓我發瘋。我該怎麼辦？」你不是說：「我實在很難過，但我真的不知道該提些什麼建議。」而是自動地接住這個球，並盡力去解決這個問題。然後，你感到壓力重重或怨恨自己無法完成計畫，似乎所有人都在向你提出要求。

記住，你不必一定要去接住這個「球」，這是消除你生活壓力非常有效的辦法。當你的朋友來電話提出要求時，你可以立即放下這個球，意思是，你不必僅僅因為他在請你加入，你就必須參與進去。如果你不吞下這個誘餌，那個人可能就會打電話給別人，看看他們是否會捲進來。

這並不是說你永不接球，只是說你這樣做是出於自己對時間、精力平衡後的選擇。這也並不意味著你不關心朋友，或是說你在友情上麻木不仁或毫無用處，而是為了建立更適用的生活觀。在生活中，每天都有許多球投向我們——在工作中或來自於我們的子女、朋友、鄰居甚至是陌生人。如果我們接住所有投向我們的球，我們肯定會忙到發瘋的！關鍵是要知道，什麼時候才去接球，接幾個球我們才不會感到被拖累、怨恨或是被壓垮。

如果我們在朋友面前，被迫得「非答應不可」，而實際上明知這事自己無法適應時又怎麼辦？

對於自己根本沒有能力做或不想做的事情，最好及時乾脆地回絕。拒絕並不是簡單地說一句：「那不行」，而是要講究藝術：既拒絕了對方的不適當要求，又不致傷害對方的自尊，也不損害彼此的關係。讓我們來看下面兩個例子。

李強這幾天明顯有些睡眠不足，他還有很多的事情要做。可是，當鄰居小張請他過去幫忙弄一下電腦時，他說：「好！」

小王請他幫忙抬家具到樓下時，他說：「OK！」

小林要他為自己的小店做張海報時，他說：「沒問題！」

李強的特點是幾乎從不說「不」。

而趙謙在這方面的風格習慣卻與李強大不相同。

早上，彭阿姨打電話來，問趙謙能不能陪她一起去看「蘇富比」拍賣的古董。趙謙說：「不！」

中午學長打電話問他能不能參加足球隊訓練。趙謙說：「不！」

下午大學的學生打電話來，問他能不能參加週末的餐會。他說：「不！」

晚上，同事請他幫忙選購家具。他說：「不！」

當李強說四個「是」的時候，趙謙說了四個「不」！

你或許認為趙謙不近人情，可當事人並沒有這種感覺，因為他很講究方式和技巧。當他說第一個「不」時，同時告訴了她「因為我對古家具、器物、玉石沒有多大興趣。」

當趙謙說第二個「不」時，他說：「我已經是籃球隊的中鋒，沒有精力再去參加足球隊了。」

當他說第三個「不」時，他說：「週末要去公園，我已經答應女兒帶她去了，還是以後再找機會吧。」

當他說第四個「不」時，他給了對方一個網址：「對於家具我也是外行，其實選購家具之前不妨上一些相關的網站看看，你就會有比較全面的了解。」

趙謙雖然說了「不」，但是說得很委婉。他確實拒絕了，但拒絕得也有理，因此，這當然能夠取得對方的諒解，自己也落得清閒，而不像李強那樣使自己睡眠不足。

可以肯定，有些人之所以來者不拒，是因為他們不會說「不」，或是不敢說「不」，或是不好意思說「不」。

不敢說「不」的人，是怕如果不順著對方的意，會失去對方的好感。豈知愈是想討好每個人，最後可能誰也沒討好，因為沒有人珍視他的「好」，卻要加倍地責備他可能的不周到。愈是想對得起每一個人時，愈可能對不起人，因為每個人精神、時間、財力有限，不可能處處顧及，結果「幫忙」的水準下降，還是對不起人。就算是他拚老命應付每個人，最後對不起自己。

八分飽的人生哲學認為：只有在你表現說「不」的實力時，對方才會感激你說的「是」；也只有在你知道說「不」的情況下，才能積蓄足夠的實力說「是」。只有充滿自信與原則的人知道說「不」，也只有別人知道你有說「不」的原則之後，才會信任你所說的「不！」

處世箴言

君子之交淡如水，小人之交甘如醴。

人情透支要杜絕

在純文學刊物江河日下的今天，作家李某接手某純文學刊物。由於刊物的財源並不豐裕，不僅人手緊，稿費也不高，但他又不願意因為稿費不高而降低刊物的品味，於是他開始運用人情向一些作家邀稿。這些作家和他都有過交情，但其中一位在寫了數篇之後坦白地向他說：「我是看在我們是朋友的面子上寫稿，可你們稿費真的太低了，雖然這錯不在你，但你這樣子做是在透支人情。」

人和人相處總是會有情分的，這情分就是「人情」。有些人喜歡用「人情」來辦事，但「人情」是有限量的，好像銀行存款一般，你存得越多，可取出來的錢就越多，存得越少，可取出來的錢就越少。你若和別人只是泛泛之交，他能幫你的忙就很有限，因為人家沒有義務和責任幫你大忙。你也不可能一次又一次要他幫你的忙，這是因為你的人情存款只有那麼一點點。如果你要求的多，那就是透支了。透支的結果如何？當然也有人不在乎，但一般會造成兩個結果：

・你們之間的感情轉淡，甚至他會對你唯恐避之不及，那麼有可能進一步發展的情分就此了斷。

・你在他眼中變成不知人情世故的人，這對你相當不利，將多年的人情關係毀於一旦，這是更嚴重的後果。

然而人做事不可能單打獨鬥，有時還是要用到親戚朋友，換句話說，要如何做才不至於「透支」人情呢？

有幾個原則：

・弄清楚你和對方的情分如何，再決定是不是找他幫忙。

・如果能不找人幫忙就盡量不找人幫忙，就好像銀行存款，能不動用當然最好，寧可把這人情用在刀刃上。

．動用人情的次數要盡量少，以免提早把人情存款用光。

．要有適度地予以回饋，也就是「還人情」。回饋有很多種，例如主動去幫助對方，請吃飯送禮物都可以。總之，不要把人家幫你忙當成應該的，有「提」有「存」，再提還有！

．就算對方曾欠你情，你也不可抱著討人情的心態去要求對方幫忙，因為這有可能引起對方的不快。

．對於斤斤計較的人，交情再深，也不可輕易找他幫忙，否則這人情債會像在地下錢莊借錢那般，讓你吃不消。

如果你不了解這些，動輒找同學、朋友幫你的忙，那麼你就會發現，你慢慢變成了不受歡迎的人。當然了，也有主動幫你忙的人，但切勿認為這是天上掉下來的，你若無適度的回饋，這也是一種「透支」。

處世箴言

上交不諂，下交不驕。心誠色溫，氣和辭婉，必能動人。

突然十分熱情需提防

你和某人只是普通朋友，雖然也一起吃過飯，但還談不上交情；如果你和某人曾是好友，但有一段時間未聯絡，感情似乎已經淡了……

如果這樣的人突然對你十分熱情與友善起來，那麼你應該有所警覺，因為這種行為表示他可能對你有所企圖或有所求。之所以用上「可能」這兩個字，是為了對這樣的行為保持客觀，避免以小人之心，度君子之腹，誤解對方的好意。因為人是有感情的動物，是有可能在一夜之間，因為你的言行而對你產生無法抑制的好感，就像男女互相吸引那樣。不過這種情形不會太多，所以你要盡量避免產生這種聯想。碰到突然升高熱度的友情，寧可冷靜待之，保持距離，才不會被突如其來的熱情「燙」傷。

要分析這種「友情」是否含有「企圖」並不難，關鍵是看看你自己目前的狀況，是否握有資源，例如有權有勢？如果是，那麼這個人有可能對你另有企圖，想透過你得到一些好處；如果你無權也無勢，但是有錢，那麼這個人也有可能會向你借錢，甚至騙錢！如果你無權無勢又無錢，沒什麼好讓別人求的，那麼這突然升高熱度的友情基本上沒有危險——但也有可能「項莊舞劍，意在沛公」，是想利用你這個人來幫他做些事。

從自己本身的狀況檢查這突然升高熱度的友情有無「危險」之後，你的態度仍要有所保留，因為這只是你主觀的認定，並不一定都正確，所以面對這突然升高熱度的友情，你要：

．**不推不迎**：「不推」是不回絕對方的「好意」，就算你已看出對方的企圖也不可立即回絕，否則很可能得罪一個人。但也不可迫不及待似的迎上去，因為這會讓你抽身不得，抽了身又得罪對方。好比男女談戀愛，回應得太強烈，有時會讓自己迷失，若突然斬斷「情絲」，則會惹惱對方。

．**冷眼以觀**：「冷眼」是指不動情，因為一動情就會失去判斷的準心，不如冷靜地觀看他到底在玩什麼把戲，並且做好防禦，避免措手不及。一般來說，對方若對你有所企圖，都會在一段時間後就「圖窮匕見」，顯現他的真目的。

．**禮尚往來**：對這種友情，你要「投桃報李」，他請你吃飯，你送他禮物；他幫你忙，你也要有所回報。否則他若真對你有所圖，你會「吃人嘴軟，拿人手短」，被他狠狠地套牢，再想臨事脫逃，恐怕沒那麼容易。

處世箴言

以勢交者，勢傾則絕；以利交者，利窮則散。

電子書購買

國家圖書館出版品預行編目資料

凡事追求八分好，焦慮指數不爆表：拿得起卻放不下、想給過結果強迫症發作？學會「減法」哲學，從此不再被細節追著跑 / 洪俐芝，肖勝平 編著 . -- 第一版 . -- 臺北市：崧燁文化事業有限公司 , 2022.11
面； 公分
POD 版
ISBN 978-626-332-825-9(平裝)
1.CST: 人生哲學
191.9 111015941

凡事追求八分好，焦慮指數不爆表：拿得起卻放不下、想給過結果強迫症發作？學會「減法」哲學，從此不再被細節追著跑

臉書

編　　著：洪俐芝，肖勝平
編　　輯：曾郁齡
發 行 人：黃振庭
出 版 者：崧燁文化事業有限公司
發 行 者：崧燁文化事業有限公司
E-mail：sonbookservice@gmail.com
粉 絲 頁：https://www.facebook.com/sonbookss/
網　　址：https://sonbook.net/
地　　址：台北市中正區重慶南路一段六十一號八樓 815 室
Rm. 815, 8F., No.61, Sec. 1, Chongqing S. Rd., Zhongzheng Dist., Taipei City 100, Taiwan
電　　話：(02) 2370-3310　　**傳　　真**：(02) 2388-1990
印　　刷：京峯彩色印刷有限公司（京峰數位）
律師顧問：廣華律師事務所 張珮琦律師

定　　價：320 元
發行日期：2022 年 11 月第一版
◎本書以 POD 印製